认知升级

突破思维的局限

元亨利——著

中国法制出版社
CHINA LEGAL PUBLISHING HOUSE

PREFACE 前言

面对难题，你冥思苦想也没有主意，他人却灵光频现、好计连连，差别在哪里？

或许，原因就在于，你一直告诉自己："我做不到！"

人们常说："天才与蠢材仅一步之遥。"

造成这一步之遥的主要原因，与其说智商不同，倒不如说是思维方式不同：那些能够改变个人命运乃至于历史进程的人们，并非个个天赋过人，而是他们能够以正确的方式思考问题，这使他们虽然没有过人的智商，却可以在紧要关头不失时机地做出天才般的决断。

那么，到底什么样的思考方式是正确的？在解答这一问题之前，我们需要意识到，头脑是一块绝对私人化的"领地"，你可以让它贫瘠到颗粒无收，也可能让它的创意硕果连连——一切只在于你是否能够突破思维的局限。

什么样的表现称得上是突破了思维的局限呢？

它是史蒂夫·乔布斯在改革手机时，只留一个按键的奇思；它是福特在改革汽车生产时，坚持不走寻常路的决心；它是埃隆·马斯克创立特斯拉时，敢于挑战未知领域的莫大勇气；它更是马克·扎克伯格在创立新式社交网络时，变不可能为可能的创意！

纵观整个人类历史，小如个人成功，大至商业竞争、科技进步与军事发展，唯有那些能够突破思维的墙、打破固定规则者，才有机会变不可能为可能，才能够取得飞跃式的进步。

你想和那些永远能够在生活中灵光频现的人一样吗？首先，你需要意识到这样的现实：那些你认为自己做不到的，往往是解决问题最有效的方法与途径。你想与那些改变了历史、变成了更好的自己的人们一样，过上充满创意、与众不同的人生吗？

那么，从现在开始，尝试突破思维的局限吧！本书的目的正在于此：它借助心理学的力量，让你看到那些让人产生“哇！原来这样做也可以！”一类印象的人们，到底是如何让自己变得独具匠心的；它利用有趣的心理学知识与方法，帮助你开启全新的思维模式，并使它成为一把锐利的剪刀，助你裁出一个个与众不同的好主意。

阅读这本书，尝试着去实践书里的方法、建议，你将不再对他人的福至心灵酸言酸语，也不会再怨天尤人或自嘲，更不会再对自己说不可能——因为你已经清楚地意识到，永远在谈论贫乏和限制的人，就会得到贫乏和限制；总为思想而哀叹，就无法进入丰饶的国度。

你需要意识到，人生随时需要来一场小革命，尝试着去鼓励自己产生那些看似奇怪的想法，其实就是在鼓励自己走出平凡与无趣、迈入更丰富、更精彩的新世界。认知升级，尝试与众不同的做事方法，挖掘大脑内在的惊人力量，它将带给你无数次成功的机会。

现在，你准备好让自己的创意爆发火花、让自己的人生截然不同了吗？

CONTENTS | 目录

Chapter 5 依据SMART原则，让你的思维飞起来

Chapter 6 点燃创意引擎，把寻常事物变得出众

Chapter 7 你不必非得成功，但必须勇敢尝试

Chapter 1

调整潜意识，让“做不到”变成“我愿去试试”

你使用频率最高的字眼儿是什么？是“不可能”还是“可以试试”？是“为什么”还是“怎么会这样”？是“如何”还是“算了”？我们一直以来所接受的教育，普遍因循着一套固定的模式，这使人很难有勇气敢去尝试突破。这便不难理解，为什么你在遇到问题时，不是想着如何去解决问题，而是想着：“算了，我做不到！”每一个想法都是一个信号，一个传达给潜意识的指令。现在，请做出这样的承诺：你会更慎重地看待你脑海中的每一个念头，因为一个念头就有可能改变你的人生轨迹。

1. 肉眼看不见的九成内心，可决定一切事物

恩里科·卡鲁索是录音技术发明后首位灌录商业唱片的歌唱家。在他的声音通过唱片的形式广为人知以前，他曾经一度被舞台恐惧症所困扰：只要一站在舞台幕布后面，他的喉咙便会痉挛，连带着声带瘫痪，一点儿声音都发不出来。最严重的一次发生在他演出开始前几分钟。此时，舞台下面有成千上万的观众正在热切地等待着，而这位出色的歌唱家却站在后台那里，紧张到浑身上下直冒冷汗的地步。

他颤抖着对自己说："一切都完了！我唱不出来，观众肯定会因此而嘲笑我，我的艺术生涯到此就要完蛋了！"当他无奈地返回更衣室时，他的大脑却突然灵光一闪："我心里的恐惧正在扼杀我的渴望与热爱！"

他走出更衣室，在后台大吼道："我不会就此让步的！我现在就要去唱歌！"在那一刹那间，他的身材似乎连带着都高大了起来。

在这里，卡鲁索所说的渴望其实便源于潜意识无穷的力量。他大声地告诉自己："我要放声歌唱！"此时，他的潜意识已经开始释放出生机勃勃的能量。当他意识到这种能量时，舞台的幕布正好拉开，现场指挥也发出了可以上台的信号——卡鲁索迈着自信的步子走向舞台，他站在那里，庄严而优美地唱出了自己的渴望。

表演结束后，观众们无比陶醉地离开了演出的现场，而卡鲁索也彻底地告别了自己的舞台恐惧症。

我们不知道卡鲁索是否对潜意识有所了解，但从他的这次经历中你可以发现，他无意识地运用了意识的两个层次：一个是理智充分知觉得到的

意识层次，而另一个则是理性无法直接感受到的潜意识层次。**潜意识的反应是极其敏捷的，当一个人的意识层次被恐惧、绝望与焦虑所包围时，潜意识层面中的负面力量便会爆发出来，导致意识层面上进一步被恐慌、无助所包围。**

瑞士著名的心理学家卡尔·荣格认为：“潜意识”的作用在于收集各类信息，以便为大脑感知有可能到来的各类新闻腾出自由的空间，听起来就好像是一幢房子里阁楼的作用一样。可是，潜意识在人的认知中却是不可或缺的一个环节。若没有潜意识，我们的大脑便会陷入一片混乱，失去作用。

所有人都拥有潜意识，可是唯有少数人懂得并知道如何去倾听潜意识的命令，同时在现实生活中将之当成一种有效的工具使用。大多数人对之则是不加理会的。更糟糕的是，有些人对潜意识充满了偏见，并认为这是一种近乎迷信的东西。如果你真是这样认识它的，潜意识便会彻底地背叛你：正如阁楼的作用是当你需要时，随时可以放入、拿出自己需要的东西一样，你若不认可潜意识的存在，潜意识自然无法为你服务。

在眨眼之间，潜意识已发挥作用

面对陌生人时，做出一个简单的描述或许只需要几秒钟时间。1983年，当时默默无闻的汤姆·汉克斯之所以能成为《美人鱼》一片的主角并以此扬名，关键就在于制片人布莱恩·格雷泽在第一眼看到他时，便认为他“眼神敏锐”，日后必然会成为电影界巨星。很显然，布莱恩做出了正确的决定，而这一决定在使《美人鱼》获得可观票房的同时，也使汤姆·汉克斯成了好莱坞最受欢迎的男演员之一。

潜意识快速地进行判断

心理学家们认为，如果将大脑看成一台计算机的话，人类的感官系统平均每秒钟要向它输送大约1100万字节的信息，可是大脑在意识层面上的实际处理仅为16 ～ 50节。若对每一条输入信息都经过计算以后再做出回应的话，我们的大脑在一秒钟以内便会“死机”，更可怕的是，我们的身体也会因此而时刻处于惊险状态之中。

美国心理学家伦纳德·莫洛迪诺曾经在自己对潜意识的论述中提及这样一个病人：脑出血使他大脑中的视觉认知功能被破坏，这个可怜的人就此失明了。可令人惊讶的是，在目不见物的情况下，这位病人依然可以成功地上下楼梯、绕开障碍物而不会摔倒——这种事情连他自己都感到不可思议。

切菜不小心切到了手指，你会在感受到疼痛以前便将手飞快地挪开；走路时踩到石头，你会想都不想地自动调整平衡。我们可以在这个世界上存活下来，在大部分时间里，需要感谢我们的潜意识，而非发达的认知功能。

潜意识使我们实现自主行为

潜意识最日常化的用途在于，它使人类能够自主地决定每日的活动。起床、睡觉一类的活动其实都属于下意识行为，即做这些事情时，我们不需要“过脑子”。这些都属于预先设计好的动作，它们使我们可以行动得更正常、更迅速。

可以想象，若在每做一件事情以前，都要先在脑子里细细想一遍，然后听从大脑的指令，那么，我们的生活节奏会慢得如同一个刚刚学会握笔的孩子在写字一样。

不过，潜意识也有可能会带来偏见。我们常常过于信赖自己的记忆，过于相信自我更改。可心理学家侯戈·姆斯特贝格的研究证实，我们记忆中的许多信息都是错误的，出于不同的潜意识解读，常常会表现出如无中生有、张冠李戴、锦上添花等多种错误。

这就提示了我们另一个事实：潜意识在帮助我们形成下意识的判断时，我们也需要通过将潜意识层面上的自主行动进一步发掘出来，以规避过分依赖潜意识而造成的判断失误。

大脑中存在一整套预警系统

依赖于潜意识做出感性的决定，是否值得我们去信赖？美国华盛顿大学在2016年的一项研究表明，人的大脑里有一套完整的预警系统，它可以在人们犯错误以前觉察出错误的发生。大脑中主管注意力、情绪的这一区域能够通过对环境的审视，来评估具体行为产生的后果，进而帮助人们做出正确的决定。

这一活动其实完全是无意识行为，它可以帮助人们认识危险、远离危险——这便解释了为什么那些一点儿科技也不懂的印尼土著可以预测海啸的到来，从而使自己远离危险。

不过，这又引发了另一个问题：那些真实地遭遇了海啸的人为什么没有预测到海啸的发生？心理学家们认为，这很可能是他们大脑中的此区域发生了“短路”。卡尔·荣格对这类看似玩笑的事实其实早有说明：“发达的意识力使现代人做出本能或无意识行为的能力与手段大大降低。”另外，现代人更重视理性，即使在某些情况下，他们大脑中的潜意识已经告诉了他们危险即将来临，而意识力却对此预警进行了纠正——这便是理性的缺陷与不足了。

看，潜意识提醒我们危险的真实存在，帮助我们更好地做出决策，确立奋斗的目标，同时也助力于帮助人们将目标更有效地付诸行动。它的好处是如此多，同时对个人发展又是如此重要，因此，我们必须要学习如何去学习、提升、使用潜意识。

2. 能实现梦想的人的共通行为模式

把握成功的机会是否有什么秘诀？这对个人心灵模式与潜意识调动有怎样的特殊要求？耶鲁大学心理学家达尔斯·芒卡教授曾经率领团队做过一项系统的研究，该研究分析了全球范围内数以万计的成功人士，他们不仅积累了大量的财富，同时更拥有幸福的人生，以下几个是他们中的典型代表：

亨利·福特，福特汽车公司的创始人，几乎从未接受过系统的教育，白手起家，最终成为美国最成功的商人之一。

弗兰克·范德利普出身于平民阶层，后来，他成了记者，并通过采访转变成一名社会改革家。此后，他又转战商界，出任了花旗银行董事长，人至中年时，又担任了美国财政部助理国务卿——其成就是如此惊人。

威廉·里格利曾经是一位普通的推销员。但是在做推销工作时，他发现，顾客对作为赠品的口香糖所产生的兴趣，远远超过了他要推销的产品。于是，他以自己的名字创立了公司，并在日后成了世界上最大的口香糖生产商。

乔治·派克曾经是一名手持教鞭的老师，由于厌倦了总是给学生们修理钢笔，他发明了一种新的钢笔，并在日后创立了派克钢笔公司，将自己简单的想法转变成了财富。

E.M.斯塔特勒出生在一个贫穷的牧师家庭中，最初，他在宾馆大厅中担任一名普通的服务员，后来，他创立起了自己的斯塔特勒连锁酒店，该酒店以豪华与“微笑服务”而著称于世。

我们可以发现，这些成功者并不像我们预想的那样，他们没有任何先天的优越条件——这与许多伟大的成功者一样，他们在刚开始时，不过是两手空空的普通人，没有任何背景，就连启动资金都是借来的。可是，正如你现在看到的一样，他们只是比一般人更善于与自己的心灵对话，去发现隐蔽在内心的潜能，然后，让它去帮助自己完成自己真正想要做的事情。

正如我们在之前所强调的，意识可以分为两个层次：理性意识层次与非理性的潜意识层次。你的思考仅仅停留与影响着意识层次，可是，所有的习惯性思考都会在潜意识层次中沉淀与积累下来，随后，潜意识便会开始发挥作用，并进一步成为现实。

做到真正的“自我了解”

如果你做不到真正的自我了解与自我认知，那么，你的潜意识便会成为你人生路上的绊脚石。唯有一个真正对自身拥有清晰认识的人，才能采取符合实际的行动。自我了解在潜意识发挥的过程中起着启蒙的作用：你认为自己是什么样的，或者说你怎样去看待自己，你的心灵便会体验到怎样的自己。

想真正地发掘出潜意识中真实的自我，我们可以做减法。比如说，你擅长写东西，擅长与人交流，擅长阅读，擅长运动……每个人都会有一些自己擅长的东西，去发现它们，这是真正了解自我、发挥潜能的第一步。

接下来，你要进一步挖掘：挖掘有意义的、自己会的事情。比如，写文章、与人交流。文章写得好，是否有成为作家的可能性？是否能够通过写文章来改善自己的生活？擅长与人交流，是否有机会在职业中发挥这一优势？是否能够将它变成竞争优势？

每一个人的天赋都有相对应的一个甚至是多个领域，而一个人想要成功，唯有在其擅长的领域中将自我潜能充分地发挥，将事情做得尽可能地好。在拥有同样经验或者同样没有经验的情况下，那些拥有并善于运用自我某一方面天赋的人往往可以先于他人获得更多的成长。

因此，当你发现了自己的天分所在时，除了通过学习、专门训练等方法对其进行提升以外，你也应不断地认可它。在认可的过程中，你的潜意识就自然而然地像我们之前所提及的那样，帮助你获得最大程度上的发挥。

达尔斯教授还指出，适当地高估自己其实也是一种心理上的绝对优势：那些高估自己的人往往会做出更出色的成绩，产生这种结果的原因是，他们认为自己拥有某种能力，而潜意识在接收到此类信息后，便会采取相应的行动来回应，而结果就是个人行动的结果远远超过人们的预料。

相比之下，那些过分谦虚或者过分低估自己的人做起事情来往往畏首畏尾，浪费自我潜能，他们在付出了同等时间、精力的情况下，很可能会得到一个最大概率的失败结果。

让自己的内心充满阳光

除了充分地了解自我以外，积极的心态也极其重要。一个总是抱怨的人，其内心就如同处于封闭状态的黑屋子一般，任何创造性的想法都不可能被意识到、被发掘出来。他们的潜意识重点在于保护自己处于绝对安全之中，哪怕安全的代价是平庸，他们也不愿意去拼尽全力尝试。

另一种会影响潜意识发挥的行为是不愿意承认自己的错误，或许以绝对化的“非黑即白”“非此即彼”式思维去面对事情。达尔斯教授提醒说，如果你经常这样做，个人的不满与自负便会深深地留在潜意识中，它会想尽一切办法替你去寻找现实生活中种种令人厌恶的东西，并最终将你变成一个无法适应环境的人。而正如我们所知道的那样：一个不能适应环境的人，他的人生是很难有所作为的。

想告别这两种有可能影响潜意识发挥、影响创造性与积极改变的勇气的关键在于，你要学会询问自己以下几个问题：

◆ 我自信吗？我的自信是否受到他人影响？如果我的身边有一个强大的人，我会感觉喘不过气来吗？若我身处抱怨的环境之中，我是否依然可以清醒地知道自己能干什么、该干什么？

◆ 我每天的生活都是新鲜而充满激情的吗？如果没有激情了，我是否能够发现积极的新鲜之处，去让自己感知到生活的可爱？

◆ 我是否能够迎难而上？在面对困难时，我会寻找各种理由来表明自己的退缩与软弱是有道理的，还是不为自己寻找任何理由地坦承自己的不足，然后以知耻而后勇的姿势勇往直前？

◆ 我怀旧吗？我会不会因为现实的不满而过多地回忆往日的美好？抑或是能够在对过往的回忆中，汲取积极的力量与精神上的因素？

一个喜欢抱怨、总是回顾过往、而不是往前看的人多是不自信的人。这样的人往往会在潜意识中产生负面的情绪反应，并有意识地认为自己是无能与愚蠢的。在潜意识的不断作用之下，人、现实也往往会回报给他更大的挫折与失败。

沉下心来，深入发掘自己的不足

能力不足的确会让我们面临失败，但这并不是失败的唯一原因。屡屡遭受失败的主要原因很可能隐藏得非常深，它往往是一个人不愿去触及的领域，因为没有哪个人愿意去触及自己的不堪，更不想将自己的缺点与弱点暴露出来——哪怕是暴露给自己看。

可也正因如此，我们更需要仔细地挖掘、认真地思考：一旦“不愿改变”的愚蠢、“无能为力”的思想在心灵中扎根，它便埋下了自暴自弃的种子，更有可能将你的未来推向另一个极端：你会由于自大，最终在每一件事情上都得到不满意的结果。

这种想法会如同野草一样，在内心的花园中蔓延开来，并逐渐地在头脑中那条通往理性与积极的道路上长满——这是非常危险的。所以，若你希望将对未来的设想变成现实，你就必须要明白：人生中的可能与不可能很大程度上取决于你的内心：积极的心态会与你的潜意识实现完美的契合，令你拥有无限的创造力。若你的内心不够强大的话，那么，你便永远只能面对“不可能”占据多数的人生。

而这些内容恰恰是通往“成功”“实现梦想”的真实途径：当未来向你呈现出一种可能性时，你要做的不是坦然地等待它自己实现，而是要不断地以各种方式告诉自己“我要成功”。唯有如此，你的潜意识才会战胜困难，而不是被困难战胜。当你强烈的意愿能够激发潜能时，潜意识中那种无所畏惧的力量才会真正地站出来，让你变得勇敢，进而让你产生解决问题的智慧与勇气。更重要的是，它会主动地帮助你找到解决问题的方法，进而使你所期望的一切美好逐渐变成现实。

3. 将梦想输入至潜意识的传递法

决定一个人命运的并不是可见的强壮体格，而是他的“肌肉指挥系统”——潜意识所在的内心意识。

心理学家拉菲尔·克拉克说：“这就如同建造一座新房子一样，我们不可能将所有的材料都拿过来，用手一指，你的房子就建好了——不管你的决心有多大，房子也不可能这样建造成功。我们肯定要在脑子里面勾画出房子的每一个角落，事先将每一个步骤都想好，并不断地去完善自己的图纸，因为你的设想是否合理，直接关系着房子能否建成。”

他指出，这与我们建造自我的心灵力量是一样的：没有一个健全的心灵，潜意识便很难产生出创造性的思维与突如其来的伟大灵感，更不可能对实践有任何的帮助。唯有不断地往潜意识中注入富有建设性的积极思想，它才能发挥自己的无限能量，将你的想法付诸实践。

尼亚·涅托在经历过几次创业的失败后，来到了洛杉矶讨生活。他曾经在肯德基做清洁工作，还曾经在矿业集团打零工，并考察过在美国捡垃圾是否能成为百万富翁——在某段时间里，这件事情甚至提上了他的日程，成为一项非常正式的计划。

可回想起这段经历，尼亚·涅托却认为，年轻气盛造成了他的过度自信：他总是早早地认定，某一项工作一定适合自己，然后醉心地去做到底。

比如，他曾经在一家医药公司做过业务员，去推销一种可以测量骨密度的医疗仪器。在经历了一段挫折以后，尼亚·涅托找到了门路，并成为公司里的佼佼者。他的上司甚至会常常让他为大家讲述，他是如何推销成功的。

可实际上，尼亚·涅托对业务员的工作并没有太大兴趣，他所看重的只是丰厚的提成。丰厚的报酬对于任何一个刚进入社会的年轻人来说，都是巨大的诱惑力，而且，很容易因此走一段代价不菲的错路——如果你认为，现在赚多少钱远比调整自己的人生思路更重要。

这种情况一直维持到几年前，他的一个同事邀请他一起创业。虽然对方讲述了即将投资的项目拥有多么美好的前景，尼亚·涅托还是毫不犹豫地拒绝了他。在尼亚·涅托看来，自己想迅速赚到几百万根本是一件不可能的事情。

可事实证明，尼亚·涅托的顾虑是多余的：同事的投资很快为他带来了丰厚的回报。在祝贺他时，尼亚·涅托的内心也充满了后悔与自责。

如今，同事已成为一位资产过亿的企业家，而尼亚·涅托却在本质上依然是一位业务员——虽然他现在已经是某家销售公司的经理。

正如尼亚·涅托这位同事所说："其实在着手以前，我已经做好了充分的计划，我甚至已经看到，自己拥有巨额财富的样子。"他的潜意识已经接受了"这个项目一定会成功"的观念，且潜意识一直督促着他采取行动，将这变成了现实，以证明他的想法。在潜意识的指引下，他消除了恐惧与犹豫，转而被希望与激情所引导。一个好的灵感竟然可以让人生发生如此巨大的改变，这就是正确思维所产生的巨大的、足以改变一切的力量。

你想如同尼亚·涅托的同事一样，迈入成功的人生吗？如果你的答案是肯定的，你就必须要让自己意识到这样的现实：肉眼看不到的九成内心，决定了你未来的生活。让思维带动行动，你所需要做的第一步，是意识到思维与行动之间的关系。

思维与行动，决定了你的人生

思维的力量之所以被像拉菲尔·克拉克一样的心理学家们所推崇，是因为它的确在我们的人生中如同一位领导者一样，指引着我们行动的方向。当然，行动并非没有主动权，它所做的每一件事情都会对思维产生巨大的影响。因为行动总是依赖于思维，于是，我们的心灵相信什么，行为便会产生怎样的效果，而这种效果所印证的观念又会进入潜意识里，使潜意识对此深信不疑。

当你决心提升自己的心灵力量，并借此利用个人潜意识来改造自己的企业或者个人人生时，如果只是想到了"需要改变"，但思维方式却依然沿着以往的轨迹，那么，任何学习、尝试的成果都不会保留得太久，而你的决心也将成为一场不伦不类的模仿秀。这就如同你准备喝下一杯水却没有换掉自己那个漏水的杯子一样：结果是显而易见的，你的确可以喝下那些还没有漏下去的水，但这很可能只占据了全部水的三分之一。

在旧有思维的主导之下，你的努力得到的成果永远都是少数。心理学家们常常强调：想法会决定行动，观念会影响人生，这其实恰恰说明了潜意识所造成的思维习惯对于现实形成的影响。如果我们的脑子里面存在着正确的观念与想法，便会带来好的结果；相反，错误的思想只会引导我们做出错误的行动。同样，每一种行为所产生的效果，都会影响我们现有的思想意识。

思维与行动的关系就如同汽车的控制系统与它的发动机一样，它们共同决定这辆汽车的安全性能与速度。站在这一基础之上，若你想要让自己的潜意识彻底地发挥作用，你就必须先健全自己的大脑。

努力建立起一种健全且美好的思维观念与方式

你必须要将那些负面的思维从你的潜意识中剔出，因为潜意识本身就具有这样的功能：它会在无意识间将你所想的一切变为现实，而你应该为自己努力建立起一种健全而美好的思维方式与观念。这也是利用潜意识将“不可能”变为“可能”的关键所在：唯有思维得以升华，个体行动才会更富有积极的价值。

对此，拉菲尔·克拉克和他的团队做了一项实验：他们请到了100位自认为记忆力已经衰退的70 ~ 75岁的老人。这些人已经认定，自己的记忆力已经随着年龄的增长而变差，其中有些人甚至到了“转身就忘”的地步。拉菲尔做的，只是让他们在每一次忍不住想说“我的记忆力越来越差”时，就强迫自己停下来，去相信自己的记忆力一直都在，只不过未能及时出现罢了。同时，拉菲尔·克拉克请这些老人从最容易记起的开始。比如，回顾某些令自己最骄傲的事情——通常这是人们最容易记住且终生不忘的。然后再尝试一些更有难度的记忆，比如类似于昨天穿了什么衣服一类的细节，再慢慢地往后推进，从而逐渐地厘清自己的回忆。在这一方法的帮助下，老人们的记忆力开始逐渐地恢复，有些老人甚至觉得自己的记忆力比年轻的时候还要好。

这就是思维转变带来的力量：我们做不到某事，并非因为自己能力不足；有时候，只需要转变一个角度，然后果断地迈出步伐，便可以达成目的。

让潜意识中的“不行”变成“我能行”

当思维中的不良习惯与消极因素不断增多、如同一团乱麻一样堆积在面前时，你的潜意识就会发挥负面的力量，它会如同一堵厚重到无法穿越、无法绕过的墙壁一样，阻挡你前进的脚步。此时，灾难便会开始：你会深信这将无法解决，于是束手无策。就如同总是丢三落四的人，他的头脑中强化了自己错误的习惯与思维，最后就会对自己的“记忆力差”深信不疑。

个人思维的转变总会体现在他的做事习惯上，而不是体现在几句誓言或几张计划书上。习惯的力量就如同汽车的惯性，若无法及时地踩下刹车或转动方向盘，它便会一直朝着同一方向前进。“它可不会管前面是宽阔大路还是万丈深渊。”拉菲尔如是说。

因此，当你发现自己的内心开始出现负面思想，想象与设定自己将无法积极地生活时，你就要立即踩下调整的刹车，纠正它。你需要向自己的潜意识传达“我能行”，并告诉自己：“运用我的潜意识力量，我可以激发自己积极的心灵力量，更能达成一切目标。”此时，你就可以正视眼前，并发现哪些是可以找到方法、并能加以改善的。

良好的思维与习惯一旦确立，问题便能够得到解决。你的潜意识拥有积极的观念，它便会督促着你去积极地行动，而你的行动会不知不觉影响到你思维的形成。这就是事实：肉眼看不到的内心，决定了一切事物。所以，每一个人都应努力去塑造自己的心灵世界，让它充满平和、宁静与希望，唯有如此，才能爆发出潜意识的无限能量，将你推向期待中的成功。

4.从改变自我认知开始，跨越你的障碍

简单地说，自我认知其实就是个人对自我了解的程度。我们总认为，自己才是最了解自己的那个人，因为自己不会对自己说谎，可自我认知与“诚实”并不存在密切的相关性。

我们的自我认知往往会受到个人视角的影响。比如，在阅读这行字时，如果未提及“手脚”二字，你是绝对不会感受到自己的手脚眼下正在做什么的，而在读完这行字时，你肯定会清楚地意识到手脚的存在——这一过程，其实就是将手脚从潜意识层面提升到了意识层面。

人的意识就如同手电筒一般，照到哪里，我们才有机会看到哪里。鉴于潜意识的复杂性，我们对自己的认知就如同漆黑的房间里的一束光，永远也无法照亮每一个角落。

自我认知度较高的人并不会比其他人“照亮”得更多，可是却会更熟悉自己，这就如同我们在自己的房间里一样，哪怕伸手不见五指，你也可大致知道哪个方位有什么东西，而身处一个陌生房间里，你是断然做不到这样的熟悉的。

一个人的一生与其自我认知所形成的逻辑与规律密切相关，了解这些规律，可以解决你的诸多困惑，从而给自己带来安全感与方向感。比如，在情感咨询场景中，一个在感情中极度缺乏安全感的人，往往可以通过咨询发现自己的焦虑其实在儿时便已有迹可循，且受到与父母关系的影响。于是，他

便不再一味地指责与控制自己的伴侣。了解这种逻辑与规律，不仅能够帮助你看到自己的优势所在，同时更能够帮助你克服劣势，并发掘出潜意识层面中不曾被发现的能量。

既然我们已经知道了在潜意识中实施自我认知的重要性，那么，接下来的议题便是，我们要怎样去发现自己的不足，并对此加以改进呢？

别将自己的认知固化

认知固化其实来源于人类的进化过程：在远古时期，人类没有知识经验积累的时候，遇到突发情况无法快速解决——比如，看到了一只从未见过的大型动物时——往往会立即奔跑以躲避危险。而这种简单粗暴的解决问题的方式也成了人类思维中的基因：凡是对于生存有帮助的特征，都会在潜意识层面被保留下来。

这种认知固化其实是思维定式的一种表现，它与好奇心相背离，可以使人应用已掌握的方法迅速地解决问题，从而节省时间与精力。

比如，在做某一类型的题目时，你做得熟悉了，下一次遇到相同类型的题目时，你马上便会做；开车速度很快时，突然前面出现一个人，我们马上便会刹车；工作中遇到人手不够的问题时，马上便叫人来参与处理——这种快速反应固然有其优点，然而一旦情境发生变化，它便会妨碍人的思维过程，减少创新出现的概率。

一个管理者在工作中遇到下属反馈人手不足，想要再请一些同事加入该工作时，一个合格的管理者的表现应该是去判断是否真的是因为人手不足，还是因为某些流程出错，导致效率低下。这种及时的思考恰恰是克服认知固化的关键——不将事情绝对化，不采取一成不变的行动，而是根据是否必要、是否能够做出变化来调整决策。

这便带给了我们克服认知固化的最重要方法，你只需要经常性地问自己一句：“我这样做对吗？”当你询问了自己以后，你的潜意识会告诉你下一步要怎样走。若你可以切实地对那些需要改善的地方进行调整，并能够清晰地利用、看到自己的能力，你便会豁然开朗：“只要采用一些与之前有所不同的方法，我当然可以完成这些事情！”

学会倾听他人的意见，站在他人的立场上观察自己

正如我们之前所提及的那样，潜意识的首要任务是保证个体的生存，也恰恰是因为这种潜意识中类似本能的自我保护倾向，因此，不管对错，潜意识都会将它们隐藏、保护起来。生活中，大多数人在评价自我时，都非常善于寻找、夸大自身的优点，而忽略或者不愿意承认那些致命的不足与缺陷。

聆听他人意见为何如此困难？因为这一过程触发的是两种核心需求之间的紧张关系：学习与成长的需求、被他人尊重与接受的需求。因此，哪怕是来自他人无关紧要的建议，也可能让你产生被轻视、被威胁的愤怒与焦虑感。

从潜意识上调整这些情绪是接受他人意见的第一步。从彼得·林奇的经验中，我们可以一窥这种情绪调整的重要性。

素有“投机之神”之称的彼得·林奇擅长股市的短线操作，他常常在短期内同时买进卖出数只甚至十几只股票，并从中获得巨额收益，这早已成为他的制胜法宝。可也正是因为这样，导致他对自己的思维产生了过度的自信与信赖，在这种情况下，短线操作的战术反而成了他内心的障碍，使其沉迷于自己的做法之中。

这种情况在一次意外中被改变：华尔街证券出现了明显的波动，而彼得·林奇决定再一次使用低价买入、短线持有与迅速卖出的手段来进

行操作。这一次，他同时购入了15只股票，并准备持有60天时间，待价格有上涨趋势时，便全盘抛出。

林奇预想，大约一个月左右股价便会出现上涨，可是，45天以后，他所持有的15只股票竟然全部处于下跌状态——这可是他整个投资股票生涯中从来未曾遇到过的事情。此时的林奇开始着急起来，并做出了一个决定：与其满盘皆输，不如现在就抛掉！虽然这一次没有赚到什么钱，可少赔总比多赔好，总好过让这些股票烂在手里。

就在他正要付诸行动时，他的助手提醒了他：林奇先生，为什么我们不将这些股票搁置上一段时间，忘记它们，等到半年以后再看看它们的股价？

这样的做法与林奇的一贯风格极不符合，因为短线投机是他最拿手的，而且，他看不上长线操作，也不想那样做。可林奇的出色就在于此：他最终战胜了自己内心的固有观念，采纳了助手的意见。他一直耐心地持有了这批股票长达13个月的时间，最终，在市场回暖后，他凭借这些股票大笔盈利。

由此可见，肯听取他人建议，并愿意去改变内心的一些旧有原则是多么重要的一件事情。当然，一个人若想真诚地倾听他人的意见，并不是那么容易做到的。此时，你必须要提醒自己，来自他人的意见与自我尊严并不相互排斥，而是两个截然不同的东西。这就需要你从潜意识层面上不断地提醒自己："我做了什么，让事情变得如此糟糕？怎样做才能改善现状？"

永远也别怕做出客观的自我批评

使人生发生改变的第一步在于，意识到"自己一定是有缺憾的"。我们应该让自己产生一种心理变化，并进而改变自我行为，调动全身潜在能量，而促使这种变化发生的最好方法就是自我暗示。

当你做错了一件事时，你需要明确地告诉自己：“我错了。”承认错误，同时去寻找原因。虽然这是很简单的三个字，但只要你确确实实地意识到并承认自己的错误，潜意识便会吸取教训，并在下一次遇到同样情况时自动地提醒你要如何去做。因为“我错了”三个字其实就等于你向自己的心灵发送了一个强硬的命令，让它帮助你启动跨越一切障碍的程序。

我们需要意识到，一旦出现了重大错误行为，而个人又拒绝承认，或者直接以“得过且过”的态度来面对时，心灵力量便会顺应我们的潜在需求：“我不想错，而且，我也不能错。”渐渐地，它便会形成一错到底的思维模式，逐渐地麻木我们的理智。因此，客观的自我批评其实是对潜意识的指导，它使从不辨别是非曲直的潜意识与个人的良知、判断力相结合，从而起到更好更正错误的目的。更重要的是只要可以发现错误的根源，我们便可以找到正确的方式来更正，跨越那些令人烦恼的障碍。

在开发自我潜能时，我们也需要意识到他人的优点

一个善于看到他人优点并愿意学习借鉴的人，其自身也必然会拥有很多的过人之处。若他在自我观念中认可了别人，他便会认为那是美好的，而潜意识便会因此而充满了积极的期待与向往，并会不自觉地与之靠近，从而令自身在潜移默化中也具备这些优点，这就是他人对自身所产生的积极影响。

这也正是管理学专家彼得·德鲁克所做出的选择：当有人问他，怎样成为一名合格的公司领导者时，他的答案总是不变的一句话：“向那些优秀的公司管理者学习。”

要知道，唯有善于发现他人身上的优点，个体才能经常性地对比出自身的缺点，而潜在的进取心与自尊心才会激发自我去正视自己、完善自己，以达到令自我满意的状态。不过，当你实施上述内容时，你也需要意识到：不管是在哲学中还是在心理学领域，自我认知都是一个复杂而模糊的概念，因

为人很复杂，并且时刻都在变化。这一现实也使自我认知变成了一项维系终生的浩大工程：因此，别抱着“速成”的态度来面对它：唯有缓慢展开，你才能真正地从潜意识层面上改变自我认知。

5.用三大法则为自己展示“梦想成真”

思想决定你的现状与命运

荷兰心理学家鲁德·卡斯特曾经发表论文证实潜意识的重要性：人的行为通常是为了实现自我所期待的结果，因此，其实意识才是决定你个人行为的那个关键因素。但世界上并非只存在着只有意识的意念——在更多情况下，我们是在自己都不知道自己想干什么的情况下做出了选择与行动。在人生走向上，这一心理趋势其实正如英国人常说的那句话一样：“总念叨倒霉的人，真的会过上不幸的生活。”

你所遭遇的每一件事情，其实都是你不断在内心中设想并将之印记到潜意识里的结果。这也正是为什么心理学往往会使用潜意识来实现自我改变的关键原因：反复地告诉自己一些积极、和谐且拥有建设性的观念，并让这些观念反复地在脑海中扎根，慢慢地进化成潜意识中的一部分，你便会拥有自己所期待的、更合理的习惯或行为观念。

值得一提的是，潜意识是没有分辨能力的，它不知道什么是好与坏，只是如同忠实的仆人一般，无条件地接受“意识”这一主人发过来的命令。这就代表着，如果你不断地让一些消极的、负面的与破坏性的想法进入潜意识之中，便会产生消极的破坏性结果，从而使自己的人生发生改变。相比之下，如果你常常使用一些积极的、正面的语言来暗示自己的话，你便拥有更大的机会去达成自己想要的结果。从这一角度上来说，有意识地控制自己的想法，谨慎地选择可进入自我意识层面的想法与观念显得尤其重要。

更需要格外注意的是，潜意识搞不清楚自相矛盾的话。若你总是谦虚地说自己“我不行”“我的记忆力不好”这种消极的话语时，你的潜意识便会做出相应的反应——在这种下意识的印证之中，你会发现，自己曾经的谦虚话语慢慢地变成了现实。

这就是为什么美国心理学之父威廉·詹姆斯会说“改造世界的力量在潜意识之中”——潜意识里充满的是改变人生命运的智慧。不管你向潜意识传达的是怎样的思想，它都会尽力实现，所以，你有必要不断地向自己输入积极而正确的想法。

选择更积极的场景设定

你可能并未发觉，无意识的影响会受到有意识的感知的作用。比如，坐在硬椅子上的人在买车砍价的时候会砍得更加无情；冬天里，当你手里捧着一杯热咖啡的时候，他们会比那些手里捧着一杯冰可乐的人表现得更友善、更慷慨。

这些都是我们在生活中可以真切地感知到的东西：硬椅子、热咖啡，可是，很少有人意识到，自己的想法、选择都受到了它们的影响。这就证实了，为什么许多暗示性的广告手法其实是积极有效的。比如，饮料商总是让自己的汽水在朋友、聚会等积极而热情的场合中出现，如果你总是观看这类广告，它们便会在你的脑海里形成一个联系，当你身处类似的场景之中时，你的潜意识便会突然决定：我需要来一杯可乐！

想要利用潜意识的这种积极作用，你就需要将它运用到生活之中：你是否不时感觉到充满压力、担心或焦虑？如果是这样，你就需要从改善自己所处的环境开始：清洁你的办公桌，打扫干净你的卧室，从思维与视觉层面上修改现实中的不良部分，移除那些会触发负面情感的因素。

听一些轻柔而舒缓的音乐来减少压力，去吃一些更健康的食物，在心烦的时候让自己去外面走一走——在潜意识还未发挥其负面作用的时候，便通过转换场景来修补漏洞，并通过获得成就感、平静感来改变原本有可能陷入负面情绪的意识，这将大大增强个人意志整体趋向于乐观、积极的可能性。

尝试着去拥抱负面的情绪，否则，你将会被它们所控制

为了实现运用潜意识的力量改变人生的目的，我们就必须要充分地允许自己的潜意识去体验完整的脆弱情绪——你不能忽略这一重要步骤。

我们每一个人都希望能够体验到自我内心积极的情绪，比如热情、自信等，这是内心持续需要的、极其重要的情绪体验。可是，如何去应对负面情绪，使自己获得积极情绪的具体说明并不多见。在遇到挫折与挑战时，怎样才能保持自己的自信与热情，以更好地付出努力？如何才能在情绪过分激动的情况下，使自己的头脑迅速地冷静下来？唯有回答了这两个问题，我们才能更有意识地思考。其实，我们不必完全地否定负面情绪的作用：负面情绪也不总是带来坏处。

一批软件开发人员参与了一项测试，这项测试以每天两次的频率持续了55天，研究人员在评估后发现，与每日都处于兴奋或厌倦状态相比，从坏心情转变成好心情的情况，反而更有助于软件开发人员的工作。这一发现与心理学中的“情感转移模型”相一致。

这就意味着，生活中不可避免的危机、错误与冲突所带来的消极事件与情绪对于保持潜意识的积极是必不可少的，因为在没有负面经验的对比情况

下，人们会认为，没有必要去做出改变，而工作的投入水平也会较低。

在这一过程中，对负面情绪保持怎样的态度才是最关键的：若你积累的负面情绪太多的话，你的身心健康状况也会变得更差，但是，若你在面对负面情绪时持有积极的态度，那么，负面情绪便会在潜意识层面引导你走向更积极的结果，在某些情况下，它甚至能够终结情绪“恶性循环”的关系。

从这一角度来说，负面情绪的作用主要有两点：

◆ 提醒你摆脱已成事实或者有可能发生的负面情况；

◆ 帮助你成为一个更合格、更有应对能力的社会个体。

一味地抗拒负面情绪显然并不恰当，而且也不现实，但是，当你身处悲伤、愤怒等情绪的控制之下时，如果还有思考余地的话，你便应将注意力集中在“我要怎样做，才能摆脱负面情绪”上，并让自己立即着手去做。

如果暂时做不到的话，不如先大方地让自己承认并接纳这一不愉快的现实，此时，乐观的“无奈”心理便可用到此处：“我也没有办法啊！”然后，让自己继续以愉悦的态度去面对生活。

此时，负面情绪已经发挥了它的宣泄作用，它完成了自己的任务后你便可以让它从自己的意识中退出——在承认并接受的基础上，让自己以坦然的态度去面对负面情绪，看清楚这些负面情绪的本来面目，摸清它的节奏与脉络，并有效地引导它的走向。

你越会接受自己的消极情绪，你便越淡然。在从容的态度之中运用上述三条法则来直接影响个人潜意识时，你便能够关注到内心的快乐与积极力量，同时更能让自己潜力巨大的潜意识被调动起来，从而真正地实现更快乐、更合理、更能自我控制的人生。

6.“写在纸上”的效果

“如果我年轻时可以多尝试一些事情就好了。”在14岁时，阿达·里斯听到年迈的祖父非常感慨地说了这样一句话。年轻的阿达·里斯受到了极大的震动。他的心灵产生了异样的触动，也正是从那一刻起，阿达·里斯决定，让自己不要重复祖父的错误，不要在快要走到生命尽头时，才发现自己有无法挽回的遗憾。

于是，他马上坐下来，将自己这一生中想要做的事情，一一地列了出来，并称之为“阿达·里斯的梦想清单。”

在这份梦想清单里，阿达·里斯一共写下了多达132项详细而明确的目标。这些目标里包括14条想要探险的河、15座要去征服的高山，他梦想着，要走遍世界上的每一个国家，他还想要学骑马、学七种语言，更要乘坐飞机去天上游览、乘坐潜艇去深海探险。当然，还有很重要的一项，他的人生必须要幸福而圆满地拥有自己的小家庭。

列完这份梦想清单后，阿达·里斯每天都要看一遍，他将清单牢牢地记在了心里，甚至做到了倒背如流。这些目标，不管在哪一个时代来看，都是壮丽到难以企及的程度的。可是，对于阿达·里斯来说，这些目标并非痴人说梦。

他究竟完成得怎样？实际上，这位墨西哥著名的探险家如今已经环游了世界4次，实现了132个目标中的105项。阿达·里斯说：“若我当初没有写下来，可能我早已忘记这些梦想，变成了和祖父一样在晚年后悔的人。现在，我做到了。”

事实上，因为“写下来”这一动作而受益的不止是阿达·里斯。当代设计师麦可·贝鲁接受访问时说：“通常在做设计案时，我与客户在开会时探讨很多事情，并在最后对这些事情进行总结。不管是在讨论还是在总结的过程中，我都会将自己所想的写下来。我总是感觉，这些在自己思考案子如何去进行时一定能够用得上……事实上，当真正落实时，案子怎么做，我心里早就有谱了。”

写下来，这一动作在阿达·里斯，是一份目标的激励；在麦可·贝鲁，是一份思绪的整理。他们的经历都证明，将事情写下来，其实是一件充满了力量的事情。美国学者约翰·麦斯威尔曾经指出，那些知名领导者的办公室里往往有他们亲笔写下的标语，使他们即使被琐碎的公事淹没，也不会忽略真正的工作目标。比如，领导纽约市民走出“9·11”恐怖袭击事件的前纽约市长鲁迪·朱利安诺的办公室墙上，便挂着他所写作的“我负责（I'm Responsible）”的标语。这样的话语，也随时提醒他勇于承担职责、致力于降低纽约市的犯罪率。

许多成功者都会在笔记本上，写着各种激励自己的话语或目标，当情绪低落或遇到挫折时，可以翻开来看一看，为自己打一针“强心剂”。对于这种举动，其实心理学早有积极的定论：美国多明尼克大学教授盖尔·马修斯博士的研究发现，将事情写下来，最后能够做到的概率往往会提升83%。

马修斯博士指出，“写下来”其实是将写作内容进一步传递到大脑潜意识的具体动作。这一动作与潜意识的运作机制有关。

潜意识接收的词汇与经由词汇自由产生的联想

“我一定要去加拿大留学！我相信自己一定能够成功！”当你这样写下来时，你其实也是在告诉自己“我一定要做到这一点”。

不过，因“谦虚是美德”的教育局限，大部分人并不敢对自己使用强有力的词汇，相比于“我一定要……”“我肯定行……”一类的词汇，更多的人会选择说“我试试”“我看看”。对自己不敢使用强有力的词汇，长期用消极的词汇，会使潜意识接收到你对个人的不认可，而这也正是大部分人无法成功的原因之一。

强有力的词汇经由自然产生的联想，会带来强大的正面能量，而消极的词汇则会消耗你的能量。一个词语的能量可以经由感觉感受得到，正如“自信”会让你联想到信心满满，而“克服自卑”却只会让你联想到自卑的画面；“轻松”会让你感觉舒服与放松，而“释放压力”却会让你联想到疲惫不堪。

潜意识不会去区分“不”“无”一类否定词句

“过去的潜意识研究认为，潜意识没有分辨能力，无法区别词汇的意义，但事实上，潜意识并非不能区分，而是不去区分。”盖尔教授指出，潜意识对指令信息的提取是以直接的形式进行的，它只会提取根本词汇，而不会管你在前面添加了多少肯定或否定的命令。

这意味“词汇即命令”：当你告诉自己“不要去想红色”时，你一定会想到红色，而且还会将“红色”想象得非常生动。

潜意识喜欢接受指令，不喜欢接受请求

想要的得不到，害怕的却总是会来——这种经历人人都有，但鲜有人知道为什么。其实，它就是潜意识所发挥的作用。

当你请求想要什么，或者说“我要”时，你就是在潜意识里告诉自己“我现在还没有”或者“我现在对此匮乏”；你想要快乐，就是在暗示着你现在不快乐，类似的宣言其实是在向潜意识下达负面的指令。

所以，盖尔教授提醒说，潜意识的使命就是为你成全，因此不要总是使用请求的语气，而是要用正面的、准确的指令，用“我是……”“我是快乐的”“我的人生是充满了积极的”。

潜意识需要运用全身的感觉

若你要传送“行动”这一指令来提升你的行动力，你便不应该只是懒散地坐在那里只用你的头脑去想，你要用你的全身去想：当你是行动力超人时，你是什么样的，你的站姿是什么样的，你的坐姿又是什么样的，你的表情是什么样的。调整你的身体，让你的全身都感觉到你是行动力超人的感觉。

当你用强有力的词汇来为自己补充到充分的能量后，你需要用全身来感觉，同时注意这一词汇在你的身心上所产生的效果。

综合上述内容，你会发现这样“写在纸上”，会让你的目标、你的文字更有效果：以指令的形式与积极的语气来写作，同时想象成功的那一刻。

这一方法适用于大大小小的事情，小至鲜奶没有了要去补货，大到找工作或者达成某个目标，“写下来”都能让你调动潜意识的力量，以更佳的状态去面对各种挑战。在这种情况下，你会更知道自己在做什么，更知道自己想要的是什么，你会更有组织、更有动力去冲破难关。此外，更棒的一点是，不管什么事情，“写下来”所带来的好处都会只多不少。

你有什么未完成、未达成的心愿吗？不如现在就按上面的提示写下来——关注你所写下来的内容，你会发现，你拥有更多的动力去面对它。

Chapter 2

摆脱无趣的“不可能”，尝试用好奇心去探索人生

“只有充满好奇心，才能发现更好的自己”，这是心理学家菲利普·津巴多认为人之所以要拥有好奇心的原因。我们长久以来所接受的教育，普遍依循着一套固定的模式，这使人很难有勇气敢去尝试突破。但好奇心是突破一切禁锢、打碎平凡与无趣的最关键所在——如果你希望自己身处更好的环境之中，你就应该对眼前的一切感觉好奇，并以自己的想象力，去发问，去探索。

1.无法回避的规律：我们的大脑渴望新鲜事物

“我干得最长的一份工作是一年半。”维拉的履历上有一份极长的跳槽记录，她最大的麻烦就是：“在面试新工作时，人们总问我，为什么频繁换工作。”显然，通常人们会认为这样的人没有常性。

其实，维拉对自己也很困惑：“我常常会想，如果当时在一份工作上坚持到底，如今的我是什么样子。其实，我也很希望自己能够稳定下来，可我受不了那种重复无趣的工作，这会让我毫无动力。”

这种现象并不少见。如今已经31岁的考尔也有类似的问题。不过，对他而言，厌倦感表现在，自己对任何事情都不能投入持久的注意力：“就算在最初我认为那些东西很有趣，可我还是很容易就会感觉厌倦。我不知道这是为什么。”

人们很容易被不断涌现出来的新生事物所吸引，并在改变中获得乐趣，这可以理解：一成不变的枯燥生活会让我们感觉无味。其实，心理学早已证实，喜新厌旧是人的本性，而我们的大脑也总是会渴望更好的生活状态、更不一样的人生。

从更广泛的意义上来说，我们生活在一个速食时代里，每日被各种各样的信息刺激、轰炸。科技的发展使我们习惯了自己所有的满足被马上填补。随之而来的，便是注意力周期的不断缩短。有些人甚至在这个时代里改掉了那种在一件事情上长期保持注意力的习惯，而这一切都使大脑开始更渴望新鲜事物。

其实，长期沉浸在学习、生活、工作中——特别是那些循环式的重复工作，人难免会产生某种程度的倦怠。在经历了最初的充满激情以后，雄心抱负会渐渐消退，就如同换季时的感受一样：当漫长的冬日过去、初春来临，万物复苏后到处一片生机盎然，此时，许多人都会乐于欣赏这一切。可是不需要太久，当我们适应了这些变化以后，便不会太在意这些，而起初的那些新鲜感也将消失不见。

这也是大脑求新的特性所决定的：当大脑感觉学习工作对象有趣时，便会分泌多巴胺让自身兴奋；当大脑感觉学习工作对象枯燥时，便会减少多巴胺的分泌量。多巴胺的减少，则会令人直接产生无聊、困倦、厌烦的情绪。

另一个大脑对新鲜事物的热爱表现在它的屏蔽功能上：大脑极其擅长屏蔽那些习以为常的感受。比如，风扇发出的嗡嗡声，我们穿在身上的衣服，椅子支撑身体而产生的反作用力，等等。若没有人为你特意地指出来，恐怕你很难注意到这些感受。

是你忘记了它们的存在吗？不，是平凡而普通的它们被渴望新鲜事物的大脑给屏蔽了！而这一屏蔽的外在效果，我们有一个专门的名称，即“适应”。我们“适应”了各种各样平常的活动，所以，大脑对这些内容进行了忽略。

由于大脑对那些新鲜的、需要回应的事件更感兴趣，因此它极其喜欢帮助我们删除这种过于“平常”的感觉。不管是多么微小的差异，脑细胞都会倾注全力找出其中的不同。而对于那些基本上没有什么变化的内容，如身上的衣物、你正在坐着的椅子等，去感知甚至是去发觉它们的存在就等于是在浪费精力，所以，大脑自动地适应并将这些感受设成了背景，从而让你能够全身心地集中注意在新鲜事物上。

既然知道了新鲜事物对大脑的刺激作用，为了激发大脑的活力，你就有必要知道一些如何去激发大脑积极性的关键方法。

对眼下厌倦？不如安静一下

你是否有对眼下枯燥乏味的生活感到厌倦的时候，与史蒂夫·鲍尔默一样，给自己一段彻底的安静时间是不错的选择。你可以选择在普通的假日里彻底地关闭自己的手机、电脑，让自己到公园、陌生的街道去走一走；或者，只是将自己关在家里，看一部从来没有看过的新电影。它们都会让你忘记眼前乏味的一切，产生新鲜感。

微软公司前执行总裁史蒂夫·鲍尔默便是用这种方法来应对疲惫与无聊的：他整日都在和数据、创意、谈判、决策打交道，这些复杂的东西带来的是巨大的压力。史蒂夫应对它们的办法，是将自己的年假充分地利用起来，去某个陌生的海岛上看日出——每一次看到太阳从地平线升起的那一瞬间，这位商业精英便会对自己所做的一切有新的感触：“我想，我做的东西或许不会超越我们企业的创始人比尔·盖茨，可我也将有自己的作为，而微软的历史上也将留下我的足迹。”

让自己不舒服

这是另一种形式的迷路，如果我们只参与我们熟悉的活动的话，我们中有一部分人就会停止成长与学习。接受些许不舒服——身处新的环境，参与新事物，或者接触陌生人，这些都是帮助你的大脑感受新鲜的好机会，而它们也可以帮助你加强接受新事物与学习的能力。

另一个让你感觉不舒服的好方法是，让自己进行一些高强度的体育锻炼——在你的医生同意的基础上。研究结果证实，这对于保持认知能力的健康有着极大的帮助。而且，由于全身上下都因运动而处于一种“不舒服”的状态之中，即便是强度不大的锻炼，也可以带来诸多的好处。

此外，你还可以尝试着去学习新技术：与新生事物保持着联结状态就如同你不想做的爬坡运动一般，可这对于保持大脑的健康大有帮助，因为在这一过程中，你会学习到新的东西，同时还会与新的人、新的理念保持密切的联系。

面对大脑喜欢新鲜的现实，我们唯一能做的就是去迎合它的需求。如果你非常在意自己是否电量十足，是否在积极地投入、充满热情地做事，那么，出去寻找一些新的东西吧。要让自己改变眼下的无趣或走出“只是懒懒躺着、什么都不做”的状态并不容易，但你很快就会发现，“多样性”的确是刺激大脑产生活力的重要调味料。

2. 持久的兴趣与激情——转化好奇心时刻

人类绝对不是在地球上唯一拥有好奇心的物种，但是，我们却是将好奇心发挥得淋漓尽致的唯一物种。受惠于科技与医学的进步，今日的我们拥有比过往时代更多的可能性。不论过去还是现在，好奇心都是改变我们、改变环境的重要能量。

不过，不是所有人类都同样拥有好奇心，更不是所有人都有机会去将好奇转换成对自身有用的想法。在2015年，著名的创新型生命科学公司默克集团在有关好奇心状态的研究中发现了几个关于好奇心的有趣事实。比如，多数受访者认为，员工的好奇心与该公司的创新力是有直接关联的，然而，仅有少部分的受访者认为，自己是个好奇的人。这一结果产生了问题：如果好奇心是创新的核心所在，我们要如何做才能维持我们天生的好奇心，同时给予它充分的发展空间呢？

拥有了激情，人才能对事业充满兴趣与热情，才能激发出创新、进取与改变之心，进而在兴趣、激情的支配下，调动起身心的巨大潜力。对此论持相同观点的还有苹果公司创始人史蒂夫·乔布斯。苹果之所以能够有今日的规模，一大部分的功劳都要归功于乔布斯。他是一个反传统的人，更是一个充满了激情、追求持续创新的人。

我们常常听说，乔布斯是一个多么难伺候的老板，但是，极少有人可以明白，是激情，而不是苛刻让乔布斯变得难以应付。

> 苹果联合创始人史蒂夫·沃兹在接受采访时曾经说道："他会直接批评员工，毫不留情那种——包括直接叫他们白痴。但是，你知道吗？当员工反驳他、解释为什么自己感觉这是正确的形式且自己只是在测试阶段，因此还未有更好的方案出现时，乔布斯就会给予他们相应的尊重，并让他们在公司拥有较高的特权。"

也就是说，对于那些敢于表达自我想法、而不是害羞地默不作声的员工，乔布斯反而会尊重他们。

> 更奇特的是，乔布斯的很多下属并不厌恶这种训斥；或者说，他们喜欢乔布斯带给他们的工作激情。乔布斯推动着他们创造出了不凡的成就，虽然他们可能会因此而感觉疲惫不堪，但在整个过程中，他们学习到了很多的东西。
>
> 也正是凭借着这股激情，乔布斯不断督促着苹果的工程师们推出一款又一款惊世之作：从iMac系列到MacBook系列，从iPod系列到iPhone系列、iPad系列。这些卓越的系列产品，重塑了计算机、手机的形象。
>
> 乔布斯曾说："在我23岁时，我的财富达到了100万美元；在24岁那年，我赚到了人生第一个1000万美元；25岁时，这笔财富增长到了一亿多美元。"虽然这些财富数字是如此震撼，但对于乔布斯来说，这些都不重要：我从来不为钱而活，我一点儿都不关心自己死的时候是不

是最富有的人，而是期望自己每晚入睡以前，都可以自豪地说，我们的确干了一番事业——这才是我最在乎的。乔布斯对创新的兴趣与激情改变了苹果，也改变了世界。

不过，鉴于创新不成、屡遭挫折是一种常态，除非你对创新这件事情充满了兴趣与激情，否则，你便很难在现实的打击中坚持下去。不过，相对于往往处于转瞬即逝状态的好奇心，我们有必要去了解，什么样的方法才能使一时的好奇心转变成持久的兴趣与激情？

学会去发问

世界上那些可以诞生出惊喜的杰出工作，多始于某些地方的某些人，这些人停下来思考，去寻找能够让人开心的新方法。可是，并没有人让他们这样做，或许其他人根本没有想到这些事情。可这些人只是停下来审视自己眼下的工作与任务，并向自己发问：“是否有机会从中诞生出更杰出的工作？是否能够创造出更好、更出色甚至会让他人感激、让世界感动的东西？”而所有的工作在最后是否能够成为“令人赞叹的杰出工作”，关键都要看这貌似简单的一步。

面对固化的现实，我们能够做到的就是不让自己随波逐流，而是学会去发问，去思考，去提出站在自己的思考角度上形成的问题，并进而产生新的独特观念。这就需要我们敢于去对抗现实生活中“不敢提问”的现实：在过去，问题太多往往被认为不够专业、不够优秀，所以，过去不管是职场还是其他场合，鲜少有人愿意发问。

但现在你有必要再次审视那些令自己困惑甚至是早已习以为常的内容：“这件事情是否一定要用这种方法去做？是否还有其他的方法可以简化它的步骤？它能被省略吗？”当你尝试着去这样思考时，好奇心其实已经在萌芽。

采用更深入的思考方式将好奇心转变成想法

你或许并未意识到，个体思维是存在漏洞的。比如，绝大多数人并不知道，如何才能更深入地思考。当有人告诉你："不如再思考看看""这样的想法太过浅薄"时，你便有必要意识到，自己需要更深入地思考了，因为如果能够想得再深入一些，或许你就有机会成就大事。不过，多数人却并不知道深入思考的方法是什么；一般人感觉自己想得足够多，可他们的思考大多浅薄且无效率。

所谓的"思虑浅薄"是指想得不够深入，只想到了表面的状态，所以，在涉及需要将好奇心转化为现实的情况下时，往往会发现，根本没有实践的可能性，甚至连自己的想法到底是什么意思都不知道。

而想要让自己的思考更深入，你就必须要询问自己以下三个问题：

◆ 自己所用的词汇是什么意思？

◆ 将这件事情向他人描述时，对方会如何解读？

◆ 要如何说明，他人才会更清晰地意识到自己的想法？

将这些问题先好好地想清楚，你的好奇心才会更有机会落地。好奇心难以深入的另一个原因是，它一直处于"无效率的空转"，即面对难题时，未能通过思考去考虑更高水准的解决结果，只是在问题表面转圈圈。比如，仅就"开会总是拖延"这件事情来说，你完全可以从简单地对这一问题好奇，转变成更深入的思考：

◆ 为什么开会总是开很久？

◆ 到底哪个部分比原定时间用得更长？

◆ 哪个部分被拖延了？

◆ 要如何去缩短时间？

只要针对这些疑问提问，并深入地思考，你的好奇心便会逃离无意义、无效率的空转，会更快速地找出真正的问题来。

从学会发问开始，你会意识到好奇心的重要性，但是，想要将这种重要性进一步实践起来、使好奇心真正地从“想法”落实到“可实践的方法”，你就必须要展开更深入的思考。事实上，也只有实现了这种从“想法”到“方法”之间的转变，你才能使短暂出现的好奇心获得源源不断的动力，进而使自己对创新、改变这一过程拥有持久的兴趣与源源不断的激情。

3.利用好奇心创造一个好故事

一个好故事，让创意更好落地

你或许非常清楚创新的行动与想法会给自己带来多大的收益，但是，摆在你面前的最大障碍在于：如何让他人或者市场认可并接受你的创意？答案的关键在于：如何全面地调动起对方的情感力。

所谓情感力，即因情感波动而产生的经济效益。随着社会经济的不断发展，在不远的将来，我们将看到：单纯地以物质利用率来衡量该商品是否值得购买的顾客将越来越少，人们变得越来越关注情感——我使用这个商品，会带给我怎样的感受和怎样的情感波动？

也许这种情感波动仅仅是一种情绪上的宣泄，但波动的大小却直接决定了创意的成功度。如今，整个市场已经趋向饱和，创意同质化问题也越来越突出。在创意不足、利润缩水的情况下，情感力几乎成为解决这一系列问题的关键性因素。

如何调动情感力？讲故事是最快捷、最可行的方法。

人是感性动物，很容易受到外界的影响，而产生或激动或生气或感动的情绪。比较典型的善于调动他人情绪的人，是参政人员。

奥巴马在竞选过程中，将自己塑造成一个忠诚于家庭、选民的成功典型。在一次演讲中，他借自己的先辈由肯尼亚来美国的故事，畅谈梦想与希望——更确切地来说，他讲的是每一个选民都有可能靠近的梦想。

在讲述自己不断奋斗、靠近成功的过程中，奥巴马将自己变成了“美国梦”的真实阐述者。在这一过程中，选民早已被他显著的个人魅力、出色的讲故事能力所吸引，而他们手中的选票，自然也会投给自己所关注的那个人。于是，奥巴马成了2008年美国大选中一匹真正的黑马。

具体，你想表达什么？

你有多擅长讲故事，你便能赢得多少的注意力，而创意的落地与吸引好奇心，本身就是一个吸引注意力的过程。在这个“随手拿一个东西，都可以看到广告”的时代里，想要让自己的创意为人们所自然地接受，你就必须要将自己的故事描述得如行云流水一般。

在这方面，你可以听听英国品牌顾问公司沃尔夫·奥林斯曾经提到的3C原则：

◆ 清晰（Clarity）

你是谁，你想要推销什么？你的故事和受众有什么关系？如果你能确定自己要讲什么样的故事，你便成功了一半。

◆ 一致（Consistency）

你的故事为什么存在，要怎么传达你的观点？整个故事要呈现出整体性。

如果你是丰田汽车的营销人员，你的故事在最初可能讲述的是日本人的可靠。那么，若你期望将一辆重型的卡车卖给一位美国司机，那么，你便必须要摒弃日本元素，而是增加一些有关美国的内容，这样故事才会有效。

◆ 个性（Character）

在故事中，你要表现出自己的创意具有的个性，与其他的观点有什么不同的地方，这样，受众在接受你的观点后，就不会说“我想要一部车”，而是会针对你的品牌，说“我要买这部车”。

此外，如果你的故事可以回答所有人的“为什么”，那就算成功了大半：受众会从故事中得知，为什么你的推广活动会这样设计？为什么官网会设计成这样？为什么因此观点而产生的产品要这么包装？

这样的故事，本身就是一个畅通、完善又可行的沟通机制——它会自动、自发地去满足针对人群的需要、诉求。因此，你必须要在吸引他人好奇心与注意力的同时，把故事演绎成一个美好期望的表现体、自动回答问题的展示题。

情感：你的故事，关我什么事？

你可能有过这样的经历：上大学时，你的朋友每一次从家回来都会带回一坛酸菜，说是妈妈做的。看着他吃得那么美味，你忍不住尝了一口，感觉还不错，但还不至于到那种回味无穷的地步。你询问其他品尝过这道菜的人，他们也有同样的感受。而产生这两种不同感受的原因只有一个：你们吃的只是酸菜，而你的朋友吃的是“酸菜+妈妈的爱”。如果你也从小吃到大，还有过与妈妈一起腌酸菜的经历，那你可能也会吃得热泪盈眶。但是，那是其他人的妈妈，是别人家的亲情，与你并没有根本上的联系。所以，在创造一个能够打开好奇心的故事的同时，还要用情感去打动对方，这样对方才会与你互动。

在宝洁旗下的玉兰油化妆品中，我们可以很明显地看到这种“商品”与“情感”之间的建立过程。

> 一位年近半百的女明星被众多女性羡慕与好奇：她的美丽怎么能那么持久？在广告中，这位美丽的代言人说出了自己的故事：
>
> “我事业的代价，当然不会是肌肤的青春。××玉兰油多效修复霜，含维生素和矿物质，能帮助解决细纹，抵制松弛等问题，让肌肤光彩年轻。”
>
> “我最值得骄傲的除了赢得掌声，更从未失掉青春。”

“拥有成功的事业，并保留了青春”——玉兰油努力为我们塑造了这样一个故事：“女强人”与“美丽女人”的身份从来不应矛盾，而是可以在产品中得到双重的保留。

一个有情感、能够唤醒别人好奇心的故事，要求故事有融入感，要让别人从你的故事里看到自己。唯有如此，你的故事才会吸引别人、获得成就。

表达爱与关怀

虽然你讲一个离奇的故事会吸引到更多的好奇心，但是，如果你能在自己的故事里把握以下的规律，可能你的故事会讲得更成功。

◆ 塑造美好，避免偏激与负面

好的故事不仅能够提供好的产品体验，还能够提供良好的情感体验。王子与公主的故事可以流传千百年而不见衰退，迪士尼翻拍了那么多次“公主被拯救”，却可以让每一个故事都受人欢迎，本身就是因为它满足了人们对真善美的期望。

◆ 着重个性，远离普遍

你的观点定位如何？在这个基础上，确定故事走向，才能使故事变得有感染力。仅拿商品故事塑造来说：同样是香皂，力士品牌所创造的故事，是年轻单身女性如何追求梦想；而舒肤佳却是在讲述妈妈怎样地表达自己对家庭的关心与爱护。让你的观点或者你的产品突出自己的个性，并用动人的阐述表达出来，这样的故事才是成功的。

最高境界的创意传递是传递爱与关怀，不是强暴，更不是侵占。所以，传统观念传递中，那种“占领”“入侵”大脑式的说法已经过时，强行地进入，必然会导致大众产生反感。因此，在讲故事的时候，应在故事中着重于如何表达“爱”、如何表达“人际关怀”上。

如果你足够聪明的话，你的故事会变成向受众传递诉求的载体——当这种载体明确，观点便会拥有灵魂，而一个拥有灵魂的观点，必然会使你的创意焕发出勃勃生机。

4.把能量和热情注入人际交往

以下实验足以证明，为什么你要向专业以外甚至是行业以外的人寻求创意。丹麦哥本哈根商学院的玛丽昂·波爱斯曾经对好奇心带来的社会影响进行过一系列的研究，在研究中，她发现，不同领域中的顶尖人物往往会对其他领域中的精英持有强烈的好奇心，而在双方进行交流的过程中，这种好奇心又往往能够促进个人创意的诞生。

> 波爱斯与同事为某位需要有效装卸叉车方案的叉车制造商寻求类似领域的专家意见。他们首先运用头脑风暴，选定了一位经常使用并装卸叉车的物流公司老板。通过这位老板，他们找到了一位农用拖拉机的机械装载系统制造商，并最终被引荐给一位娱乐活动业人士。此人在迅速装卸演唱会用的舞台设备方面经验丰富，而正是这位演唱会专家的建议直接解决了叉车装卸问题，而且解决方案极具创意。

波爱斯发现，这种从人际交往中获得创意的方式有一重要优势：你会在搜索的过程中不断地学习。随着你从新领域的行家那里得到越来越多的反馈，你可以修改、提炼甚至是替换之前的问题。

波爱斯的这一看法得到了美国莱特兄弟研究所的支持：该所在寻找其“发散式合作”项目的参与者时采用了同样的做法。这些研讨会为解决客户的创新问题而设计，运作的理论基础是来自多个背景的人联合起来可以获得最佳创意。找到正确的人是个挑战：参与者要非常了解与客户所在行业不同但又相关的领域。

“为认清挑战的本质，我们按问题涉及事务的不同，将问题分解为多个小问题，然后确定哪一行业会处理类似事务。”该研究所创意实验室主任巴特·巴泰勒米说。

> 该研究所遇到过一位特别的客户，对方是美国军方某分支机构，它想找到从复杂信息流中提取关键数据点的途径。这项研究的参与者包括

了警探、消防队长、股票经纪人、小说家、空难调查员、历史学家和职业棒球联盟的球探，他们皆描述了自己如何收集信息，以及怎样去区分重要数据与不相干的数据。这些人所分享的想法是如此精彩，从而使该军方分支机构受益匪浅。

是哪些特点，带来了这些有益的交流呢？在寻找答案的过程中，波爱斯发现，充满了好奇心的人将自己的同伴当成了等待他们前去探索的广袤求知领域，他们不断地给对方提出问题，逐步地深入对方的崭新领域之中，而他们的交流对象显然也很乐于成为他人关注的论点。毕竟，我们都会有这样的感受：当他人对我们表现出兴趣时，我们会感觉良好，更会感觉自己富有魅力，同时也会对对方更感兴趣，进而促进有益观点的交流。

好奇心大的人所具备的优势
• 表现出广泛的兴趣； • 为人热情、精力充沛、充满了活力； • 健谈； • 主导谈话； • 可以恰当地表达自己的观点； • 语言与行为幽默而风趣； • 表现得自然轻松； • 对谈话十分关注； • 思想开放，较少做出主观臆断。

注意你的非语言传达

有研究发现，当人们试图传达某个信息时，仅有7%的内容是通过语言传达的，其余的内容则是由人们的说话方式传达的。比如，面部表情、姿势、肢体动作、声调，等等。若你想与某人进行交流，那么单纯地聆听是不够的：想知道对方的真实想法，你就必须要留意他们在与你交流时表现出来的其他表达方式。

当人们缺乏好奇心时，需要付出很多努力和精力才能达到同样的目的，这被沟通专家称之为“高成本交流”。心理学家保罗·艾克曼曾对此进行过系统的研究。他发现，若人们对于新体验持开放态度，且好奇心程度较高的话，便会更擅长觉察他人的情绪变化并随之做出调整，因此他们更擅长与谈话对象进行交流。同时，情绪的同步性也会使人们的相处更为融洽，并且能使人们更好地理解对方的想法、话语或行为，与“高成本交流”相对的是，这种交流方式被称为“低成本交流”。

此项研究最大的贡献在于，它证明了觉察他人情绪变化是一项能够习得的技能。因此，下次与人进行观点交流时，你可以试着拿出两分钟时间，在这两分钟里，尝试着放下其他的想法，只是全神贯注地留意对方到底在传达什么样的信息：

☞ 他是否很紧张、兴奋，并轻轻地触碰你？

☞ 他是否以玩笑的方式对你调侃，或是想要逗你开心？

若是的话，你的谈话对象便是一个十分投入且有趣的人。

不过，你也需要观察一下，他是否有一些细微的身体动作，表明他想结束你们的谈话？或是与你缺少足够的眼神交流？这意味着他不再想将谈话继续下去。

在这两分钟里，感受对方的情绪并保持同步，你会发现，自己在谈话中错过了很多信息。若你可以经常进行这样的练习，就能够变得更加幽默风趣且受人欢迎。

积极地改变话题的方向

多项研究证实，不同的问题其实会导向不同的交流结果。如果你总是提出毫无价值的问题的话，那你永远也不会得到什么好的结果。

社交活动中的无价值的问题
• 你感觉天气如何？ • 你喜欢看什么样的报纸？为什么？ • 上次去公园的时候，你带了什么吃的？ • 你今天为什么选择黑色的衣服？

与这些问题相比，那些需要人们做出进一步自我剖析才能回答的问题，明显会增加有益沟通的积极情感。比如：

☞ 若你只能保留一个记忆，你想记住什么？

☞ 若你有一颗水晶球可以告诉你任何事情的真相，你最想知道什么？为什么？

通常情况下，这些问题会使人高度展露自我，并进而加深与对方的关系。除了这些问题以外，那些充满了好奇心的人还会通过多种方式使简单的谈话变得有益于创意的发生。

☞ 他们以开放、接纳的态度来关注谈话对象，并拒绝观念固化，会依据对话内容来改变自己的看法；

☞ 他们鼓励对方谈论自己的兴趣，并会与对方分享自己的兴趣；

☞ 他们注意保持谈话的趣味性，乐于分享脑海中出现的所有有意思的想法。

心理学家们将这一策略称为“跨越亲密障碍”。当你以“天气”或者“大学里学的什么专业”这样的话题来展开谈话，且希望得到既有趣又有意义的对话时，为何不直奔主题？若你兴致勃勃，你的交流对象也会产生同样的情绪；如果你只是想走走过场，那么对方也会跟你一样。

平衡你的兴奋与焦虑

如果你希望从陌生人那里得到创意，那你就必须要记住：你们眼下只是对彼此一无所知的陌生人。在试图激发他人的兴趣以前，你需要确保对方是舒适的，更要引导他们去注意到你的真挚可信。

下面是一些更科学的指南，可以帮助你增强好奇心，进而获得可有益于创意萌发的人际关系。

◆ 在冒险中分享

与陌生人交流时的焦虑是一种非常正常的情绪，而试图给人留下美好印象也很正常，因此，你可以放心大胆地与他人交流。当你能够坦率地将自己遇到的问题、担心或者自己的兴趣所在告知别人时，你们之间的亲密障碍将有机会被突破，而对方也会因为你所提供的安全交流环境而愿意与你交流。

◆ 发现对方的兴趣，认真地倾听

赢得他人好感的最好方式就是让他讲述自己最关心的事情，即他的兴趣与激情所在。你可以向他提出一些问题，如果你们之间存在共同点，那就强调这些共同点：你的提问应富有建设性，并关注对方话语中的积极面。

当对方向你敞开心扉以后，你应以同样的方式与之分享你的想法、感觉以及你的梦想。对同伴的担忧你应表示支持，并用自己的感觉、经验进行补充或润色，以确保你们之间是互动的。

◆ 注意：别成为能量的吸血鬼

在用语言与动作、声音等表现出积极情绪的同时，你需要认识到：哪怕你急需从对方那里获得创意的灵感，你也不应忽视对方的消极情绪与对消极事件的理解。哪怕是最熟悉的朋友间也难免会出现分歧、焦虑与愤怒等不良情绪，但只有你怀着激情与他人展开“低成本交流”时，他人才会愿意成为你创意的来源。

在人际交流中表现出你的好奇心，并让对方感受到你的个人能量与热情，这种情感极具感染力：在一个双方都可以坦诚而真挚地交流自己的观点的环境中，当双方都感觉良好时，通往充满意义、乐趣与创意的谈话之门便会敞开。

5. 当好奇与焦虑相遇

世界上有两种人：一种是相信自己能够在平凡中创造奇迹，另一种则相信奇迹会发生在自己身上。

第一种人相信，生活与事业上的可能性或多或少地掌握在自己的手中，而且，他们也找不到其他的方法来达成这一结果。

第二种人在更大程度上会采用《阿甘正传》里的一种方式——干坐着等待自己的人生里出现那趟能够将自己送达某个地方的汽车。

有研究证明，第一种人拥有更强的创造力。美国佛罗里达大学的心理学家提姆·贾奇通过针对性的研究表明，认为自己能够掌握生活中发生的各类事情，而不是被各类事情所主导，并同时对自己的能力充满了信心——类似于这样的人几乎在每一项能够被准确衡量出来的、与工作业绩相关的指标中，都表现得更加出色。

贾奇引用了前人的研究成果，指出我们的身体在经历了数千年的自然选择之后，它天生具备了帮助我们更好地存活下去的功能。每当遇到新事物，或者当我们对即将发生的事情一无所知时，我们会感觉到好奇，同时更会感觉到焦虑。

"你会发现，自己正在与自己进行激战。焦虑系统不断地发出信号，身体紧接着为应对危险与未知做好逃跑或战斗的准备。"贾奇指出，完全回避的确会让自己保持安全，但人类对创新的渴求又会使我们意识到，眼前看似危险的新鲜事物很可能是一个未被挖掘的宝藏——我们挣扎于"回避"与"探索"之间，在"寻求安全性"与"寻求更好回报"之间无法自拔。

贾奇在的研究中证实，那些能够妥善地处理好创新过程中出现的焦虑情绪的人，往往会做到以下内容：

- 他们卖出的产品比其他人更多；
- 他们能够更快地适应新变化；
- 他们的年薪比其他人高出50% ~ 150%；
- 他们不管在何时都能体现出"宠辱不惊"的特质。

值得注意的是，在一切都顺利时，几乎所有人都会认为，自己拥有整个世界。可这些"掌局"者的特殊之处就在于：不管他们是一线员工，还是企业掌门人，在遇到挫折时，他们都能从容不迫。

与普通人一样，在困难来临时，"掌局者"也会因为面临创新的窘境而极度焦虑，不过，他们对待它的方式却各有不同。在他们看来，他们拥有掌握各种可能性的能力。也正是因为这种自信，他们的焦虑点燃的是激情、顽强与上进，而非绝望与恐惧。

不管这些掌局者是在负责一个营业收入不断下滑的部门，还是在企业调整方向时遇到难题，他们都绝不会就此认输，而是会好奇眼前所发生的一切，并拼命地去适应这些变化。在风云激荡、商业竞争格外激烈的大背景下，来自中国的“掌局者”们的表现格外精彩。

中国泰康人寿保险董事长陈东升从来不会掩饰自己对未来的焦虑。在他看来，互联网对所有产业都在产生着潜移默化的影响：“不早早觉醒，被时代淘汰了还不知道是怎么死的。”从事保险业的他表示，互联网最核心的就是，减少销售环节与成本，而保险销售是最复杂的：“过去为什么不愿意做，是因为涉及部门和人员的削减。但是到了非要革命的时候，还是必须自己革自己。”

如果焦虑战胜了好奇心，那么，人便会由“求创新”转而“求安全”，我们对未来的计划也会遭遇破坏；另外，若我们感觉到焦虑，认识到未来的不确定性，并很乐意参与到感兴趣的事情中去，我们就会体验到一个完全不一样的人生。这是两种截然不同的走向，关键在于，我们如何理解并控制好好奇心与焦虑。如果能够做到的话，你便可以释放出最大的潜能，并保证自己的大部分能量都可以用于那些可以带来满足感与意义的活动上。

好奇心是焦虑的一剂良药

贝丝·科姆斯托克是美国全国广播公司旗下综合媒体公司的总裁，她将自我事业的成功归于“对新挑战充满激情”。她解释道，自己周围充满了拥有才干的人，而自己所做的决策动辄高达数百万美元，很容易感到焦虑与胆怯。

在被问及如何应对此类困难时，科姆斯托克说：“好奇心不断地推动着我前进。有时候，我会畏惧某个决定，不敢做出某项革新，但事后却因为错失良机而懊悔。因此，现在我总是劝自己：‘你不想失去这次机会，勇敢地面对吧！’”

正如科姆斯托克一样，充满好奇心的人时刻准备着去体验新事物，不管新体验的感觉如何。他们也会受到焦虑的困扰，不过，他们更多的是去关注焦虑解决过程中的收获，同时更会在好奇心的指导下采取行动，探索任何感兴趣的东西。他们不会依赖于先前的经验武断地做出判断，而是会亲自尝试、乐于探索。

利用优势力量与焦虑获得成长

当我们处于焦虑状态下时，往往会过于仓促地做出决定。事实上，真正有利的做法是，就算你备感焦虑，也应考虑所交往的人、所处的环境以及所做的事情应当是非常有趣、愉快且充满个人价值的。事实上，当感到焦虑时，我们可以展现出最佳状态，并能发挥出优势力量。

◆ 专注于自己的自由，而非限制

当我们年轻时，“生活是不公正的”这句话总是会反复出现在我们的脑海中。这句话总是透露着绝望、焦虑与袖手旁观的意味。虽然有时候我们阻止负面事件发生的能力有限，但不可否认的是，我们有选择如何应对它的自由。

在有可能发生的事情清单上，罗列出你面对变化时可以采取的积极方式。最后，你会惊讶地发现，自己在应对看似无法控制的情况时，竟然会有如此大的控制力。

◆ 改变思维模式

在成长过程中，我们早已形成了自己的思维模式，影响着我们对不同环境的看法与对此做出的反应。这种思维模式甚至在告诉我们要说些什么，如何应对不同的环境。

①为了成为“掌局者”，你需要改变思维模式

想做到这一点，你要先回忆自己在最近经历过的一段困难，你认为，阻止你充分利用目前处境或者做出更有效应对的因素是什么？

②不仅要把它记下来，还要标记为“倒霉”的思维

这就是“后见之明”的道理。然后再把下一次你希望遵循的更有效、有力的思维模式也记下来，用它来代替原来的思维。

把这些文件归档，如此一来，当你面临压力或者严重的焦虑情绪时，便可以随手拿出来，好好地研究一下。当你提出想法后，把当前的想法在“倒霉的”和“有力的”两种思维模式间想办法进行比较。它可以帮助你变得诚实，并能让你厘清思路，这样，你就可以按着具有说服力的想法展开行动了。

这些定期的提醒最终将完全地改变你的思维，帮助你在任何情况下都按着最合理的想法展开行动。

寻找适量的焦虑

若想让焦虑对你起到积极作用，首先就需要关注你的自我意识。如果焦虑或挑战过少，人们会感到无聊或毫无兴趣。因此，适量的焦虑是最好的，它可以使人们有效地利用精力和注意力，并以更高效的方式最大限度地发掘自身的潜能。

最理想的状态就是适度的焦虑，使人感到略微紧张。少量的焦虑能激励人们，使人们把注意力集中到手头的工作上，并会全力以赴地努力工作，对

于某些特殊时刻也非常机警。最理想的焦虑既有利于避免错误的发生，也能帮助人们寻找进一步改善的机会。

如果想达到最理想的焦虑水平以激发好奇心，想全身心投入并获得乐趣，这就要取决于我们如何看待自身当前所处的情况。如果我们能把某项活动看作新奇的、富有挑战性或者充满神秘感的，那么几乎所有的工作都能充满乐趣。

值得注意的是，若只是单纯地为了避免焦虑而回避去面对挑战与创新，我们便会变得脆弱而不堪一击，并且也常常缺乏好奇心。

不管是创新还是普通工作，如果你将某事看作新鲜且富有挑战性的事物，与那些不会让你感觉焦虑的情况相比，你会对它们更投入，并能感受到更多的快乐。当进入某个新领域时，如果我们对是否能理解这个领域或者是否能做好手头的工作没有信心，那么沮丧和焦虑就会占主导地位，而最初获得的兴趣和激情也将烟消云散。但相反，若在面临挑战时，我们能最大限度地发挥自己的技能、利用所学的知识，我们就能体会到强烈的好奇心。

6.机遇：生命中通往神奇未来的密道

从表面来看，好奇心不过是人们被新鲜事物所吸引而产生的感觉，比如，在驾车进行长途旅行时，旅途中常会有一些路标广告吸引着我们下高速去进行一次即兴之旅，或是去购买一些原本并不需要的东西。更常发生的经历是，一个奇怪的书名让你迫切地想要知道书里面到底写了什么；一家装饰古怪的店，深深地吸引住了你。通常情况下，我们认为，只有意外地遇到某些趣事时，它才会发生。

的确，好奇心可以将我们的注意力吸引到有趣的事情来上，不过，这种理解过于肤浅。事实上，当好奇心与机遇联系在一起时，它很有可能会变成我们生命中通往神奇未来的密道。

美国心理学家托德·卡什丹曾对好奇心进行过多年的研究，并发现，人们普遍存在这样的错误观点：一旦某件事物在日常生活中变得常见时，我们便会因此而失去一个获得新知的机会。当某事变得熟悉起来、且可预知时，我们便会停止对它的关注。

可事实上，新奇性并不仅仅存在于新鲜的事物中，从不熟悉的事物与熟悉的事物中，我们都能学习到很多的东西，比如，我们把以前读过的书再看一遍，常常会有新的感受。类似的例子其实不胜枚举，而保持好奇心就是要发现熟悉事物的新奇性，并从中发现我们能够通往未知领域的创新入口。

比尔·盖茨在学生时代是一个好学生，他的父母并不想让他这么早开办公司，而是想让他读研究生。最初，盖茨顺从了父母的意愿。不过，他与自己未来的同伴保罗·艾伦从未放弃过开办公司的想法。

两人通过长时间的收集资料、认真思考，确信眼下属于高科技的计算机工业未来必然会成为民众生活中不可或缺的内容，而民众力量也会成为计算机工业发展过程中的核心力量。他们认为，若不及时参与这场计算机革命，便会被该革命抛到后面去。

此时，他们虽然还是两个未曾正式走入社会的大学生，可是，两人早已是计算机行业中的一流高手。此时的盖茨其实开办公司的决心并没有艾伦大，他始终担心，自己会因为开办公司而荒废学业，引起父母的不满。

这时，艾伦的一席话起了作用：“我们创办计算机公司的条件已经成熟了，再不干就迟了！若失去了这次历史赋予我们的机遇，我们将会遗憾终生，甚至被后人指责！”

在艾伦的鼓励之下，公司很快成立了，但同时又面临了选择：是做硬件还是做软件？艾伦对计算机硬件感兴趣，而盖茨则对软件更偏爱，在他看来，软件才是计算机的灵魂。很快，艾伦决定放弃自己动手试制计算机的念头，他们决定紧紧把握自己最熟悉的东西——计算机软件。

这一次的放弃有部分是源于成本的窘迫：生产计算机需要大额的资本，他们还没有足够的资金去做这样的冒险，“我们最终认为，搞硬件容易亏损，它不是我们可以去玩的艺术，”艾伦说，“我们两个的优势不在这上面，更重要的是，我们对计算机的灵魂——软件更感兴趣：怎样设计它，才会让它更贴近人们的需要？”

后来的一切我们都知道了：他们共同缔造了微软帝国，成为计算机时代的引领者。显然，盖茨和艾伦不仅善于利用自己的好奇心，同时也在好奇心的帮助下把握了机遇。并非所有人都有盖茨和艾伦那样的创业勇气，不过，更多人缺乏的是充足的、推动改变发生的好奇心，这便涉及了好奇心为何总是不足的原因。

好奇心之所以常常会被人们所忽视，最重要的原因是，它总是在欲望表象下运作。好奇心并不像“积极、开朗”或者“善良、仁慈”等特质一样简单明了，它与我们的思维与感觉相关，它不是指人们是否注意到当前所发生的事情，而是指对这些事情怎样加以巧妙的关注。

乐于接受，才能发现新奇

如果翻看历史，你会重新构建自己的记忆：我们会根据已有的陈述或新知来编织自己的认知。比如，西奥多·罗斯福到底是个什么样的总统？他是一位自以为是且容易冲动的总统吗？还是一位罕见的、拥有直率性格的总统？在白天，他也敢在白宫后面的泳池里裸泳，他用猎枪杀了数百只的动物，他以重拳打击警察界的腐败，同时，他还是一位杰出的环保勇士，创建了美国国家公园系统。

人们对过往的认知总是在变化之中，罗斯福的“猎杀动物”在过往被视为拥有男子气概的举动，可现在却被许多人批评。这使未来增添了不确定性，毕竟，我们不能知道自己的情绪、认知在此后会有什么样的变化。

站在这一立场上来看，我们能做的只有为将来做好准备，并享受好当前能做的事情的可能性。唯有活在当下，我们才能自由自在地去做自己想做的事情。如果我们以充满好奇心的态度去乐于接受一切，我们就会开放而宽容，不断地寻找新机遇，获得新发现，并为自己的人生增添意义。

在此过程中，重要的不是我们有没有留意，而是如何留意。若我们心态开放，并充满好奇心，就会感觉日常生活中的平凡事物也充满了不同的乐趣：走在超市里，你可能对四周货架上的商品视若无睹，但当你怀着好奇心去发现时，你就会有意识地找到很多有趣的地方：你可能会发现某种熟悉的商品换了新包装，也可能发现了某种美味。

不管怎样，虽然我们对未知事物一无所知，但只要乐于怀着好奇心去探索，而且，当机遇来临时能够当机立断，我们便能够从中获得诸多的乐趣。

保持机遇心态，才能遇到机遇

世界酒店大王希尔顿早年落魄不堪，只能跟随掘金热潮到丹麦掘金。不过，他没有别人幸运，一块金子都没有掘出。当他失望地准备回家时，却看到成批前往丹麦掘金的人在当地连落脚之处都没有，许多人挤在临时的棚子里住宿——于是一个好点子在他的脑海里浮现出来。接下来，当别人都忙着掘金时，他却在忙着建旅馆。几年后，他积累了大量资金，为他日后在酒店业的成功奠定了基础。

生活中的大多数人都将注意力集中在了错误的问题上，而忽视了机遇。

其实，所谓的机遇心态并不仅仅是关注眼下，更多的是关注未来的可能性。当我们用一种机遇心态来看待这个世界时，我们便会变成一个充满好奇心的人，面对很多事情，都会愿意深入其中，深度发觉，寻找出问题的根源，进而便能发现别人看不到的事物，思考他人尚未思考的东西。

从那些低价值的工作中摆脱出来

对于考克斯通信公司的马特来说，懒惰是工程技术人员的最高美德之一。在他看来，若不是因为懒人想要摆脱那些令人厌倦的工作，恐怕工程师无法取得任何的进步。

他所在的部门负责解决有关滥用网络的投诉，每个月他们都会收获多达7万条有关发送垃圾邮件或病毒的投诉。没有哪个真正的懒人愿意去细读这些邮件，因此，马特编写了一个程序来替代人工。

这一程序会帮助人们阅读每一封邮件，辨认用户，检查出重要的过失，要么自动进行处理，要么提供足够的信息，方便工作人员可以更容易地做出决定。眼下，有90%的邮件不需要人工干涉，而其他的仅需要在网络界面上动几下鼠标而已。

马特说："一旦我发现某些事情效率低下且单调乏味，或者耗资巨大，我便会想办法令其合理化，或者直接摆脱它。"

对于那些沉溺于普通工作之中、认为毫无创新、发展渠道的人们来说，这是一个好建议：如果你的工作真的如此无聊，为什么不努力地提出另一种解决方案，或者完全地摆脱一项无谓又浪费精力的工作？做好准备，迎接所有的阻力，为每一项被摆脱的事物提供替代方案，它会帮助你找到自己发展的机遇。

对那些待解决的问题保持足够的好奇心

下班回家的地铁口，到门店取上提前预订好的半成品菜，到家里炒炒煮煮，半小时内便能吃上可口的晚餐——这是韩国一家网络销售半成品净菜的创新企业。这家面向上班族的企业在开业仅半年的时间里，便已经盈利上千万。

用该企业合伙人的话来说：他们只是在自己每天纠结“今天到底吃什么”这个问题上得到了灵感。总是点外卖快餐，感觉不营养；天天到饭店吃饭，钱包又受不了；顿顿自己洗、自己煮，实在是精力有限。吃饭这个每天必然会碰到的问题发生频率是如此之高，而且一直没有人想出很好的解决办法，因此，几个合伙人想到了“半成品净菜”这一项目，并决定合伙创业，不仅解决了自己最困扰的吃饭问题，同时也在帮助了他人的同时盈利不少。

每日我们也会碰到类似的问题，这些问题稀松平常，但是一直没有很好的解决办法——这些问题中，其实处处都蕴含着创新的机会。观察这些未解决，或者未得到完善解决的问题，在这些问题中，你会发现惊人的机遇。

看，在人生中利用好奇心遇到机遇也并不是那么难。就如同著名思想家拉尔夫·爱默生所说的那样：“不要因为羞涩而缩手缩脚。生命就是一场试验，你越是尝试，越能做得最好。”当你能够利用好奇心去敢于探索、发现时，你得到的机会也会大大增多。

7.“力不从心”是一个好暗示

“我想，我可能真的在这方面没有才华。”你很可能在看到他人在创造方面表现出来的杰出以后，这样评价自己。不过，与其过早给自己下定论，倒不如先问自己这样一个问题："其他人都会和我一样，会遇到创意的难题吗？"

答案当然是肯定的，每一个人都会在创意与改变的过程中遇到阻碍，而改变最终结局的关键就在于，个人是否能够跨越这一阻碍，直达成功。这便涉及了创意的关键性前提：获得创意自信的一个重要前提条件在于，相信自己的创新技巧与能力是可以不断提升的。

若你感觉自己不是创新型人物，或是在心里一味地认定"我不擅长创新"，那么，你就只有先丢掉这种念头，才有可能获得进步。

你必须要去相信，学习与成长是可能的。在这方面，美国斯坦福设计学院可以带给我们一些启示。

美国斯坦福设计学院为美国供给了无数的创意人才，而在这所学院里，最出色的便是他们培养创意人才的方式。在这里，教授们总是会要求学生抛开自己最初的回答，而这些回答多半是随处可见的陈词滥调。他们鼓励学生们进行深度的探索，更好地了解情况，观察人们在每一个习惯上的动作，从而辨别出潜在的需求与创新的机会。

在一次有关"如何让早餐咖啡更美味"的问题讨论中，学生小组想出了数十种的创新思路：从精准地知道目标顾客喜欢的饮用温度，到选择哪一种咖啡壶，再到在咖啡杯里放入自动搅拌棒等，各种思路都有。而在这些新的解决方案中，每一种都比普通的答案"加入咖啡伴侣"高明得多。

在这所学院里，教授们教授的不仅仅是设计类知识，同时更有促使学生们展开其创意思维的引导。这里的学者们相信，只有相信自己拥有创新的能力，进而培养起成长型的创新思维，才能让自己远离固定思维模式的影响。

固定思维模式往往是“力不从心”的产生根源：当你对创新怀有根深蒂固的成见，认为人的智力与天赋都是与生俱来的，并认为自己永远也不可能像那些创意天才一样产生新的见解时，你其实便已经待在了自己的思维安乐窝里，生怕他人看到自己的力不从心。

与此相反，成长型的思维模式则是克服力不从心式想法的关键：当你开放了自我思维，意识到自己在创新方面具有无限潜力之时，你就已经做好了奔向创新的准备。

值得一提的是，在现实中，没有哪个人能摒弃固有思维而单独拥有成长型思维——我们往往同时兼具这两种思维，而选择让哪一种思维占据上风，是你在实践过程中能否实践创新的关键。

让自己时时保持创新的欲望

不少人认为，唯有当常规的做法与技能不起作用的时候，我们才需要创新。你可能是遇到了严峻的挑战，以往的应对方式解决不了问题。此时，你便认为，唯有通过创新才能有所突破。当然，这种想法并没有错，选择创新的确可以帮助你应对难题，但是，等到最后关头才想起来要通过创新来解决亟待解决的问题，难免显得过于被动。正如美国作家玛斯阿・贝克所写的那样：“不要等待灾难快来临时，才去认识自我内心的深处。现在就去，这样你就能有备无患了。”

虽然创新可以帮助你应对那些突如其来的难题，但若你真想从中受益，则需要每天保持好奇心，练习从日常生活中创新的能力。在这一步骤中，好奇心的作用是毋庸置疑的：对周围事物保持关注，更有助于你发现良机，从而促使你不断地进步，而不是面临意外之事措手不及。

一旦开始创作，便要保持这种期望

随着创意自信而来的，是希望主动引领自我的人生，而不愿意再随波逐流。在这个世界上，那些最出色的创意天才们最令人印象深刻的地方就在于，他们行事皆有其意图。当其他人或许无意识地按着默认选项行事时，创意者总是会对每一件事情都有意识地做出原创性的选择——从简单的如何布置自己的书桌，到复杂的如何去改进自己的设计项目。

一旦开始创新，不管你是在改进自己的文档，还是在为自己的居住环境添加新的装饰物，抑或是在为一位客户设计新的宣传方案，你便应该意识到：自己应该去创新——既然总会有人做出新的东西，为什么那个人不能是你？

当你将这种创意自信释放出来，替代自己的不自信时，你便会发现那些能够改善现状的机遇：它们或许是一次在会议上发言的机会，或许是一次与朋友们聚会时布置会场的机会。此时，对你来说，最重要的就是抓住它们，然后实践自己的想法。

当你获得了创意自信时，你便有机会让自己的创意在现实生活中落地。因此，启动你的成长型思维，告别力不从心的负面暗示吧！你应坚信自己的潜能是无穷的，并且是可以突破自己以往能力极限的。这种自信将助你获得新的技术、发现新的灵感，进而释放出更多的创意才华。

Chapter 3

通过变幻思考法，寻找解决问题的新途径

得益于人类大脑的发达与群体智慧的集思广益，如今，我们有多种思考法可运用在现实生活里。这些可以让你脑洞大开的思考法的特点就是不循常规，寻求新意，在它们的指导下，你将有机会对自己所持有的材料、信息，从不同的角度，向不同的方向、以不同的方法或途径来展开分析。

1. 由“两条绳子”产生的问题

美国心理学家梅尔曾经在20世纪30年代设计过一项摆荡结绳的实验。

该实验设计了这样一个问题情境：在一个房间里的天花板上垂着两条绳子，房间里面还摆放了一把椅子、一把钳子与其他的一些东西。梅尔对被试提出要求：仅使用房间里提供的工具，设法将两根绳子连接在一起。

现在，摆在被试面前的问题在于，两条垂下来的绳子间的距离太远，以至于被试是无法同时抓住两条绳子的。

该实验的设计旨在观察被试是否可以突破思维的局限，利用现场所陈列的材料，达到解决问题的目的。这一问题的解决办法是，将钳子拴在一条垂下来的绳子上，使垂绳摆动，在摆动过程中，当两条绳子间的距离缩短时，被试便可以同时抓住这两条垂绳，从而将它们结在一起。

如果是你参与此次实验，你是否会想出这样的办法来解决这一问题？在当时，参与实验的是思维活跃的大学生，但仅有39.3%的被试可以想出正确的办法来解决问题。很显然，大多数被试都没有想到，钳子还可以作为摆锤来使用。在他们看来——其实在大多数人看来都是如此——钳子就只有拔钉子或者是夹断铁丝两种功能。

后来，梅尔先生将这一思维受限定义为思维的“功能固着”：功能固着是指个人在解决问题的过程中，只看到某种事物的通常功能，就如看到笔就知道它可以写字、看到水就只能想到它可以洗衣、做饭、饮用一样，而看不到这些事物其他方面的功能。

在现实问题情境中，事物绝不可能如同一把钥匙开一把锁之间的关系那样简单，锤子主要的功能的确是钉钉子，但在必要的时候，它也可以用作御敌的武器；刀子是切割用的，但在必要的时候，也可以用来旋转螺丝或是撬开罐头。

功能固着是一种特别的思维定式，在解决问题的过程中，是否可以在事物固有的功能之外延伸出新的功能以适应新的需要，是解决问题的关键所在。不过，这一关键却常常因为受到事物固有功能观念的限制而不易被突破。

是什么导致了功能固着？我们在看到一件普通物品时，会在意识中自动地屏蔽与其用途并不直接相关的特征，这是大脑在日常生活中保持高效运作的反应机制，但它同时也是创新的大敌。

为了解决这一问题，我们不妨按照以下方法进行思维突破。

利用基础部件功能，改变描述物体的方法

举例来说，烛芯一向被视为蜡烛实现照明功能的重要部件，但是，当人们被告知，烛芯是根绳子的时候（几乎每个人都能发现），烛芯可以用来捆东西。利用基础部件的功能，可以改变描述物体的方式，同时还可以避免人们在无意识间束缚自我对事物认知的做法，从而找到更多物体的使用方法。

当你决定对某项事物进行创新时，你完全可以轮流考察事物的每一个要素，并提出两个问题：

☞ 它可以被进一步分解吗？

☞ 我的描述暗示了将它固定在某种特定的使用方法中吗？

若上述两个问题中，有一个问题的答案是肯定的，你就可以继续分解这一事物的要素，直到自己可以将它用最基础的词汇描述出来，然后，再将结果画成简单的树状图——当冰山被解读成浮在水面上长达几公里的表层时，它作为救生平台的潜质便会很快显现出来。

将物体分解至基本组成部分后，其新用途便会随之出现。

称蜡烛中心的绳子为“烛芯”突出了它燃烧蜡烛的功能，而将它描述为“绳子”，便可打破人们对它用途的固有观念，并能进一步发掘它不常见的用途。而进一步将绳子的组成部件分解成“多股纤维束”，或许可以激发出更多使用绳子的灵感。

利用项目清单，发掘其他人未曾开发的特征

不过，当人们被要求对一件产品进行再设计或者做出改动的时候，他们常常会被局限于现有设计特征中，这种阻碍创新的现象被称为“设计固着”。现实生活中的例子是，当设计师面对一个厚实的、装满了糖果、可重复封口的袋子，并被要求想出一个新的设计来开发袋子的新用途时，他们往往会围绕现有设计的特征展开设计，也就是说，他们可能将注意力放在袋子底部的宽度或者本身的厚度上。

可问题在于，真正的创新需要你利用其他人未曾注意到的特征。但你如何做到这一点？在准备飞行以前，航空公司的飞行员会使用检查清单来确保自己没有遗漏重要的步骤。类似地，在克服功能固着时，你也可以使用这样的清单。

当你想要设计或者创新某项事物时，不管你想设计的事物是实体物品还是抽象的流程，你都可以使用检查清单，在上面列出对你之前与现有创新项目都重要的特征，并将这些特征添加到每一个新项目的检查清单里去。接下

来，你便可以参考这张清单，考虑一些自己有可能忽视的特征，从而节省大量的时间与精力，避免产生沮丧情绪。

比如，使用检查清单来分析糖果袋，可以轻松找到很多新设计、新用途的灵感：

◆ 每个售出的糖果袋里都有东西。这一特征是如此明显，以至于人们往往会忽略它的存在。为什么不能卖空袋子，让顾客决定怎么用呢？他们完全可以用这种小袋子来装首饰、备用零件或者化妆品等。想象一下，在超市里，将空的糖果袋放在保鲜袋、储物袋旁边会怎样。

◆ 大多数卖出去的糖果袋都与手的大小差不多。思考一下，将袋子的体积变化一下，然后你用它来装其他的物品。比如，用可封口的袋子来卖散装零食。

◆ 现有袋子的内部是一个完整的空间，但是，如果你将空间隔开呢？比如，你可以卖有两个空间、可以装不同物品的袋子：上面的口袋装麦片，下面的口袋装坚果。

这些只是通过列出容易被忽视特征的检查清单来得到的糖果袋的新用途的思路。事实上，如果你可以考虑到一些物体不太明显的特点，新用途便会显现出来。

变换描述词汇，减少目标固着

如果你被要求想出一个办法，将某样东西粘在垃圾桶上，你很可能如同大多数人那样，想到使用胶带或胶水一类的黏合剂。但如果要求变成了将物品“固定”在桶上呢？

仅仅将“粘”这一具体动词换成更基础的动词，便可以让你想出更多的可能方法：用绳子、钉子或者尼龙扣等。这是因为，描述的目标的词语越具体，人们的思维就越容易被束缚，而这一障碍可以被称为“目标固着”，它也属于“固着”的一种，而使用更基础的词语描述问题，对克服这一问题有巨大帮助。

当你把“粘”换成“固定”这一基础词语时便会发现它可以有：夹、拴、缝、捆、钩、钻、绑、粘、钉、挂等多种方式。

当然，一个目标绝不是仅由一个动词构成。动词表示你将对物体做出“怎样的改动”，但名词表示的是“什么需要改动”，而介词短语则表示主要限制因素与事物之间的关系。将这些词组合在一起，你会发现，几乎所有的目标都可以由下述公式进行描述：

一个动词（固定）+一个名词（某物）+一个介词短语（到垃圾桶上）=目标

使用这种形式描述目标，使你可以轻松找到解决问题的多种方法。

可见，不管是目标固着、功能固着还是设计固着，其实都有可突破、可创新的切入点。使用这些方法，并慢慢地让自己习惯这种思维转换模式，你因思维固着而产生的问题便会大大减少。

2. 习惯性想法——你没有创意的关键原因

托马斯是美国一名科普作家，他曾经讲过这样一个有关自己的故事。

托马斯从小就很聪明，年轻时曾经多次参与过各类智商测试，其得分总是在160左右，而这一分数往往属于“天赋极高者”的分数区。有一次，他遇到一位熟识的汽车修理工。

修理工对托马斯说：“让我来考考你的智力，出一道思考题，看看你能不能想到正确答案。”

托马斯点头同意，修理工便开始出题：“一位聋哑人想买几枚钉子，于是来到了五金商店里，并对售货员做了这样一个手势：左手食指立在柜台上，右手握拳做出敲击的样子。售货员见状，先给他拿来一把锤子，聋哑人摇摇头。于是售货员明白了，他想买的是钉子。”

“聋哑人在买了钉子以后，刚走出商店，接着进来了一位盲人。这位盲人想买一把剪刀，请问，盲人会怎样做？”

托马斯顺口答道：“盲人肯定会这样——”他伸出食指和中指，做出剪刀的形状。

听到托马斯的回答，修理工大笑了起来：“看看你多么愚蠢吧！盲人想要买剪刀的话，只需要开口说‘我要买剪刀’就可以了，他为什么要做手势啊？”

托马斯不得不承认，自己的回答很愚蠢。

为什么一个想象力丰富、知识渊博的科普作家会在这么一个简单的问题上栽跟头？原因很简单：他沿着第一个问题的思维习惯考虑了第二个问题，这种线性的思考路径暂时地封闭了其他的思考方向。

其实，惯性思维是生活中常见的思维方式。你肯定有过这种经历：在解决常见问题时得心应手，但在面对新问题时却一筹莫展。

如果你常常有此类经历的话，你就需要警惕了：你已经变成了惯性思维的俘虏，而这种因惯性思维而导致的解决问题思路恰恰是阻碍个人创新的关键所在。

在心理学上，“惯性思维”指的是，人习惯性地因循以往的思路思考问题，就如同物体运动时的惯性一般。惯性思维往往会使人思考问题时产生盲点，且缺乏创新或者改变的可能性。

惯性思维是生物进化的一种产物，它对于我们适应环境拥有着极其重要的意义，它是大脑自主进行的便捷操作：为了实现高效、自动地处理常见问题与事务，大脑在诸多思维方式中，选择了一种最能节省心理资源的心理机制。

然而，对于新问题、新事物，若总是依靠惯性思维，往往会造成心理资源的浪费，甚至会使问题无法解决。在这种情况下，突破惯性思维的局限就成为一条必经之路。也只有真正地走过这条路，才能够在旧概念与新概念之间“开辟出一条新路”，进而解决新问题、认识新事物。这一过程，即“创新思维”的具体过程。

想突破惯性思维的屏障，我们有很多种方法可以采用，不过，我们首先需要意识到，习惯性想法是如何形成大脑自发的惯性思维的。

思维惯性导致的习惯性想法

为什么我们会形成思维惯性？这是由人类的大脑思维习惯所决定的。

我们的大脑在长时间的学习过程中，经过不断的练习与鼓励，就会形成习惯，此处，“多巴胺”这种物质起到了重要作用。

> 每当你在学校用应试思维来解决问题时，你会发现，解题成功、考取高分后，会得到老师嘉奖、同学羡慕、家长鼓励等一系列的好处。此时，你的大脑会分泌大量的多巴胺，让你感觉快乐与开心。当你下一次再遇到试题的时候，就会习惯性地使用应试思维来解决，从而获得更好的成绩、更多的鼓励与多巴胺。

这是一个循环，而这一循环中涉及了三个关键点：

☞ 诱因；

☞ 习惯性行为；

☞ 奖励。

当你看到试题（诱因）时，便会回想起解题成功后的快乐（奖励），所以调用了常用的应用思维（习惯性行为）来解决。

随着我们逐步地适应考试的模式，在潜移默化中，固定的思维模式与习惯便会被养成。这些习惯性想法便是固定下来的思维模式，诸如怎样得到结果、打动别人或者渡过难关。

在我们不断地积累这种“思维技巧”的过程中，往往会发生以下三件事情：

☞ 我们做事变得更加有效，不再盲目；

☞ 我们逐步适应了社会规则以及普遍的思维方式，自己与他人、与社会的沟通变得更加有效；

☞ 我们的思维与行为被自己所经历的成功与因此而来的鼓励所禁锢。

这种积累会带给我们成功，但它也会使我们初步丧失创造力：当我们有一条正确、常用的道路可以选择，为什么还要选择那些随机的不确定性？

让我们再使用一个互联网公司的例子，来解释习惯是如何钳制创意的。

> 在互联网诞生之初，人们以为网络就如同一个大型、虚拟的百科全书。当你想在百科全书中找资料时，你必须要先查看索引，因此，很自

然地，有些人就认为，网络需要的就是一个索引，即将网络内容进行分门别类地列出。结果，有大量的金钱与时间被花费在建立这些索引上——雅虎便是此类公司的代表，因为建立者认为，人们可以通过寻找一级一级的资料，找到他们想要找的东西。

时至今日，虽然人们依然还在使用索引，可是它在互联网上已经濒临绝种。这是因为网络根本不像一本书，而是一种截然不同的东西。“搜索”崛起，以及掌控“搜索”技术的公司（如谷歌、百度）成为人们意识中一种习惯性的存在，因为它们已经随着技术的发展，成为我们非常熟悉的互联网工具。

“搜索”是一种快速、简单以及更有效的寻找资讯的方法，而相比之下“雅虎”不过是一个品牌的名称，而谷歌与百度已经晋升到下一个阶段：它们已经变成了“搜索”的动词。

让雅虎公司停滞不前的，并不是因为它缺乏知识——作为一家知名的大型互联网公司，雅虎可谓人才济济，其症结在于，它对于知识技术的理解受限。就如同我们之前所提及的“两条绳子的问题”中参加实验的被试中的大多数一样，受制于习惯性想法。

类似的情况也反映在其他的创意领域中：大体上来说，电影导演会制作多部同类型的电影，作家会创作同一主题的系列作品，摄影师会拍摄类似的照片，作曲家会写出类似的作品。他们之所以会这样做，不仅是因为这些差别不大的作品会畅销，更因为这些畅销且自己熟悉套路的作品更容易生产——他们早已习惯这种创作模式。

不幸的是，因循既往的工作模式固然稳妥，却可能令我们错过意想不到的惊喜。而想要突破习惯性想法所带来的局限，我们有很多方法可以采用。

加一加

在面对新问题、新事物时，一种最简单的、突破习惯性想法局限的方法，就是在原来的方法上加一些东西，看看是否能够产生积极的效果。

行李箱最早都是手提的，东西少无所谓，可一旦东西多，特别是装着书或饮料等，箱子就会变得很笨重，哪怕是力气大的男性手提着都会比较吃力，更不要提娇弱的女性了。

于是，有人想到，若在箱子底下装几个轮子，将“提箱子”改成“拉箱子”，就会容易很多。

可这样一来又产生了新的问题：大箱子拉起来比较容易，小一点的箱子人得弯着腰才能拖，还不如直接提着舒服，这又该怎么办？

设计者们又想到了好办法：在箱子上加一个可以伸缩的拉杆，问题不就解决了吗？

减一减

与“加一加”相反的是，有些时候，我们需要在原有方案里减去一些东西，才能够解决新的问题。

比如，英特尔公司的中央处理器，不管是当年的“奔腾”还是现在的“酷睿”，都面临着成本过高、售价高昂的窘境，这使其低端市场逐渐被竞争对手蚕食。后来，市场部门将这些问题反映到了技术部，技术部门的工程师通过减少集中在硅板上的二级缓存的数量，使制作工艺难度大大降低，进而降低了生产成本。

这种经过简化的廉价处理器迅速占据了低端市场——这便是如今在低端

市场上最受追捧的“赛扬”系列处理器。

变一变

从其他的事物上加以借鉴，改变现有用法、做法中的某些方面，从而找到新的解决之道。

最典型的例子就是高速列车，若始终采用轮轨技术，那么，列车所能到达的最高时速便会受到轮轨摩擦的影响，无法达到每小时400公里以上。技术研发人员从飞机上得到了启发，让列车“飞”在轨道上，这样，只剩余了空气阻力。如此一来，高速列车的最高时速便可以与飞机相当。

此后，科技人员又从磁铁同性相斥的特点里得到了启发，使列车通过电磁作用“浮”在轨道上，便可以以比较成熟与廉价的技术解决让列车“飞起来”的问题。

其实，常规的并不一定就是合理的与不可改变的。总是在一个限定的范围内思考的话，解决问题的手段就很有限，最终可能会导致走向“常规”的误区。而一旦被思维的惯性与依附性所束缚，遇到问题时习惯性地从常规的思考模式和应对措施中去寻找答案，只会让自己徘徊在较低的思维层次之中，无法在陌生的领域中开辟出新的思路，更不能战胜自我。

3.别让创意被内部力量击败

如果你真的期望自己能够依靠想出别人认为“不可能”实现的目标来成功的话，你就必须要能发现别人看不见的价值，在别人墨守成规的时候另辟蹊径，闯出一番新天地。

你很可能听过“日本制造业教父”盛田昭夫所引领的索尼创业与创新的故事。这个故事所昭示的，是索尼如何运用创新思维研发出新产品从而出奇制胜。

索尼也曾经有过自己的艰难岁月，盛田昭夫曾经和底层的推销人员一样，亲自带着样品跑到世界各地去敲经销商的门。他曾经在驻日美军基地第一次看到一台几乎有桌面大的录音机，于是萌发了改进的念头，开始研制小型录音机即新产品Walkman。

为了攻克Walkman独有的迷你磁带技术难题，他在无数个日夜一次次地亲自试验——这是一次全新的尝试，在它之前，从未有人想过，人们可以将一场空前盛况的音乐会装到自己小小的衣服口袋里，走到哪里就听到哪里，Walkman是音乐播放历史上的第一次。

可优胜劣汰，随着技术的进步，iPod的出现使得Walkman的销量很快跌入了谷底。

创业者要敢于梦想，挑战权威。技术总是在不断地更新，旧的产品总是在被新的产品所取代。可是，我们虽然知道这一事实，但创新对大部分人来说并不现实。你明知道眼下你正在使用的流行产品中的大部分都会过时，可你并不知道，日后取代它们的产品会是什么样的——创新并不是一件容易的事情。

成功人士总是鼓励人们向前看、看到未来，看到新的苗头与趋势，可事实上，那往往只是我们自己的感觉——心理学家们证实，在人类的思维过程中，人们只会向后看：当我们在苹果商店里看到了被展示出来的iPod，戴上耳机，用它愉快地听歌，顺手将Walkman丢入抽屉最里部时，我们才会恍然大悟：噢，这就是创新！

人类的天性决定了自身更习惯于向后看，向着经验与已成功的例子看。也正是得益于这种“向后看”的能力，人类才能在残酷的生存竞争中成长为“万物之灵”。可这种能力在为人类成长提供动力的同时，也使我们的创新能力被大大阻碍了，它甚至形成了一种“反创新”的本能，使我们创新的想法被扼杀在摇篮里。

为了验证上述特点，你不妨尝试着去将自己想到的绝妙的创新想法告诉给自己的同事、父母、上司、老板……你能得到的回答，常常是否定的内容。

创意想法被否定的内容
• 不可以，我们一直都是这样做的。 • 不行，我们的顾客一定不喜欢这样的改动。 • 别想了，这根本不可能。 • 不可能，这不符合常规/逻辑。 • 算了，我们没有足够的预算。 • 没有用，你想得再好，管理层也不会同意你的想法的。 • 绝对不行，这样做风险太大了。

杰恩斯·乌尔范是一位创新工作者，他有一段时间对自己的销售与创新工作非常失望：作为一名创新工作的主导者，他曾经非常努力地想要让公司实现快速发展，但实际上却进展缓慢。“就如同公司里所有的人都阻止我去创新一样，没有人选择与我站在一起共进退。可以说，我这辈子从来没有听到过这么多的‘不行’。”

大部分创新者都有过与杰恩斯类似的遭遇，否定是导致创新不断受挫的最大障碍。人们往往认为，在公司里创新并不是难事，因为顾客与管理层都喜欢改变。但实际上并非如此，因为在公司内部反而会有许多人不断地阻止你：从提出新点子，到更新公司产品、流程或服务，接连不断地遭遇反驳、否定无疑会令人筋疲力尽且备受挫折，正如杰恩斯所遭遇的一样。

不过，随着日渐成熟，杰恩斯找到了一些能够将挫折转化为正面力量的方法。

停止对抗

不管你是在一个公司内部创新，还是在一个团队内创新，它们往往都会以最慢的那头为基准前行。若他们拖了后腿，创新便无从谈起，因为最慢的那群人决定了公司的步调。当你与他们的观念发生冲突时，他们便会还击，那么，整个团队都会停止前进。因此，你必须要明白，并不是每一个人都是创新者，或者拥有创新思维。

选择恰当的时机

革新往往发生在强大的需求之后——这也正是为什么人们总是说“需求是发明之母”的原因。我们知道，变革往往发生在紧要关头。作为创新者，你最重要的职责便是让整个公司意识到，是时候创新了。你一开始得接受你的上司、同事会害怕创新的事实。他们唯有获得了新的认知以后，才会改变保守的态度。

所以，一个非常有效的办法是，让你的上司、同事甚至是整个公司管理层与决策者充分地意识到，现在的市场正在发生激烈的变革：新的技术、新的需求、新的对手不断涌现。让他们不断地去面对这种变革，直到真正地了解创新的紧迫性，并将改变放在首位。

为其他人指明道路

在利用创新解决问题时，你会想要尝试不同的方向。那么，究竟哪条路才行得通？当你不得不停止前进的步伐，为的仅仅是等其他人迈出艰难的第一步时，这就如同穿过雪后的山地一样，处处都隐藏着危机。

你是倡导创新的那个人，因此，你要用清晰的路线来带领他人、为他人指明方向。只有当人们确定前路安全、没有危险的时候，他们才会勇敢地前进。

与他人合作

你或许喜欢独自创新，但是，正如我们前面所说的那样，最保守的同事决定了公司的步调。不要总是抱怨他们在拖你的后腿，而是要积极地邀请他们加入你的创新团队，使他们成为帮助你创新的一股力量。

通过改变他们对创新的看法，可以让他们更积极地支持你。如果你想要在创新的过程中得到他人的支持，那么，你在一开始时便要与他们共同工作。

在拥有全新想法后，回归到商业化的本质

有一个创新性的想法固然很好，但这仅仅是第一步。公司管理层需要看到的是由创新而带来的业绩增长与新业务扩展。这也是上司们支持创新的关键原因：唯有他们看到了点子里的商业价值，而不仅仅是一个新点子时，他们才会对点子首肯。

值得一提的是，当你能够使用具有说服力的表达来解释自己的新产品、新服务或者新的商业模式如何能够、为什么能够对整个公司有益时，它们被接受的可能性便会增大。

对于那些专业从事创意的人而言，他们往往会有自己独特的处事方式，以保持自身的创造力。他们会养成凡事不可预知的思维模式，这是一种直面未知、寻求创意的生活方式。可即使如此，他们依然会遵循团队生活的基本原则，让团队内的其他人参与到自己的创意设想中来，使他们变成创意的推

力，而不是创意的阻力——毕竟，与坚持特立独行导致创新无法实行相比，以退让的方式来让创意拥有更多实施的可能性更有意义。

4.走出传统的束缚，实现思维横向发展

想象一下：

你被困在了一间奇幻的房间里，房间里面仅有两个出口。与第一个出口连通的是一个由巨大的放大镜制作而成的房间，聚焦的太阳光发出了高热，它甚至可以将人炙烤至死；第二个出口与另一个房间相连通，而这个房间里面有一条喷火龙，只要看到有人出来，就会立即喷火。

你会选择哪一个出口？

当然是第一个出口了——只需要等到太阳下山，你就能出去了。

这一问题的答案体现了心理学家们所说的“横向思维”：虽然给出的是一个是非选择题，非此即彼，但当你发现，在此题中，自己实际上并不需要马上做出选择，那么最优解便显而易见了。

“横向思维”的存在也证明了这样一个事实：最优雅的解决方法有时并不是正面回答问题，而是从问题的侧面绕过去。

英国牛津大学的心理学教授爱德华·波诺先生极为推崇横向思维，事实上，横向思维实际上就是他针对纵向思维——即常规的思维方式——提出的一种看问题的新方法、新程式。

针对这种新式思维，波诺教授最喜欢通过讲下面的故事来表达自己的

主张。

某工厂的办公楼原本是一幢两层楼高的建筑，占地面积很大。为了更有效地利用地皮，工厂新建了一幢12层高的办公大楼，并准备将旧办公楼拆掉。员工搬入新办公大楼不久后，便开始抱怨大楼的电梯不够快、不够多，特别是在上下班高峰期，他们需要花费很长时间去等电梯。

设计顾问们想出了以下几个解决方案：

①在上下班高峰期，让一部分电梯只在奇数楼层停，另一部分只在偶数楼层停，从而减少那些为了上下一层楼而搭乘电梯的人。

②再多安装几部室外电梯。

③将公司各个部门的上下班时间错开，从而避免在高峰时期频繁出现的拥挤情况；

④在所有的电梯旁边的墙面上，都安装上镜子；

⑤整个公司全部搬回到旧办公楼里。

如果让你选，你会选择哪个方案？

波诺教授说，若你选择了①、②、③、⑤的话，那么，你的思维便是非常明显的“纵向思维”，即常规思维：若你选择了④，你就是运用了“横向思维”，在考虑问题时，你更能跳脱思维惯性。

这家工厂最终采用了第四种方案，并有效地解决了问题。对此，波诺教授给出了自己的解释：“员工们忙着在镜子前面审视自己，或是偷偷地观察他人，注意力就不再集中在等待电梯上，焦急的心情得到了极大的缓解。大楼里并不缺电梯，是人们缺了耐心而已。”

波诺教授认为，运用常规思维的人往往容易对问题进行线性的思考，相比之下，横向思维者是对问题本身提出问题、重构问题，它更倾向于探求认识事物的不同角度，而不是接受显而易见的解决方案。这对于打破既有思维模式极其有用。

在商业中、在生活与工作中，我们会刻意地革新、兜售自己的创意，直到它们变得一文不值。可将那些华而不实的辞藻剔除后，我们就会发现，其实，人类历史上每一次创造性的突破都有一个显著的特点：它们是运用横向思维的结晶。

横向思维是人类创新的推动者

“善用横向思维的人会去假设特定的看法、界限或概念。”波诺教授解释说，“这种思维并不是在摆弄已有的创意碎片，而是尝试着去改变那些片断。”它是一种重新构建疑问的艺术，需要人们从侧面向问题进攻。

根据创新的定义与实例来看，“突破”只会在假设被打破时发生。在创意领域，人们所遵循的某些“规矩”其实并非规矩，只是惯例而已。当你打破了这些惯例，便能够获得突破。

当所有人都认为，更好的产品意味着更多的按键、更大的容量、更多的专业术语时，苹果彻底地简化了应用与鼠标，从而使电脑制造产业被彻底颠覆。

其实，若回顾人类历史上所有重大发明的出现与难题的解决，我们便不难发现，它们一经出现就取代了之前的产品、技术和方法。

五步训练法，实现横向思维大发展

不过，对我们中的大部分人而言，最大的问题在于，即使我们拥有创造力，我们的大脑习惯的还是线性的思维模式，而这种思维模式并非总是有效。下面是由波诺教授给出的训练横向思维的五个步骤，这五步训练法所带来的任何一点小改变，都将有利于横向思维的大发展。

◆ 列出假设

面对一个问题或者挑战时，写出那个问题本身自带的假设。比如，前面提到的那个奇幻房间的问题，它所包含的假设很可能包括了：

☞ 你想从房间里走出去；

☞ 你需要从两个选项中选择一个；

☞ 你必须要马上行动；

☞ 从第一个出口走，必死无疑（当然，也许这只是你的想当然）；

☞ 从第二个出口走，必死无疑。

◆ 将习惯性思考表达出来

接下来，你需要问问自己："解决这一问题的典型做法是什么？"

列出那些显而易见的解决办法，然后再思考：如果我不这样做会怎样？

◆ 对问题提出质疑

问问自己："如果可以重新提问，我要怎样提问？"依照爱德华教授的建议，你需要重组脑海中的片断，形成一个新的场景。

在刚刚那个困住你的奇幻房间里，问题不再是"你从哪个出口出"，而是可以被改写成下列内容：

☞"你会从其中一个出口出吗？"

☞“它们真的会将你置于死地吗？”

☞“想到外面去，你有必要从其中一个出口出吗？”

◆ 退一步思考

当你带着一个方案着手解决问题时，退一步思考，往往思路就会浮现出来。比如，你可以问自己：“隔壁是一间由放大镜制作而成的房间，我是怎样被困在这样一个房间里的？”像这样对问题进行重新构建，你会发现，那层迷惑你进行过度思考（在此例中，则指你选择两个出口之一出去）的面纱便会被揭开。

现实生活中，类似的对问题的重新构建还可以是：“我们要怎样才能实现对塑料袋的循环利用？”而不是“我们怎么做，才能让城市里的白色污染减少？”一个模糊的问题往往会导致我们给出直线但是无效的答案，比如“让人们少用塑料袋”。

◆ 转变自己的观察视角

你知道为什么一个新手很容易创新吗？为什么互不相干的团队最容易碰撞出创意的火花吗？还有，我们前面提及的，为什么不同领域的专家进行交流，更容易找到问题的创新式解决方法？这都是因为站在新的观察视角的人更容易忽略约定俗成的规矩，实现推陈出新。

为了进一步训练自己的横向思维，你应该将自己假设成另外一个人去解决问题。想象一下：如果你是一位魔术师、科学家，或者是一位田径运动员，你要怎样从那个房间里面逃出去？

地球在人们的意识中变成球体以前，它一直以“平”的形状存在了许久；在日心说出现以前，整个宇宙都被认为是围绕着地球而运转的；在爱因斯坦的相对论出现以前，我们只有牛顿的万有引力……每一次诸如此类的发现与进步，都需要我们打破脑海中根深蒂固、不容置疑的观念。提出新思路的这一过程，远比我们想象得还要棘手、还要复杂，虽然最终那些创新者给出的解决办法都非常简单。

5. 策略性拖延：用时间换取新想象

美国心理学家玛瑞安·可尼可拉认为，工作繁重的现代生活令创意产生的概率大大下降。如果我们可以更有系统地制造创意产生的条件——或者至少增加创意出现的可能性，从长远来看，我们将会变得更有效率且少浪费很多的时间。

可尼可拉的这一结论是建立在事实基础上的：当我们时间紧张时，便很难将时间空出来。事实上，当你的团队需要你做出一些成果，你在岗位上加班加点地工作，或者你的客户正在等待你更新修改时，就算工作过度的代价难以衡量，而科学研究也显示，策略性地拖延会产生积极的好处，可大多数人依然会认为："只要再多花一些时间，就能让事情早一些完成。"

对创意来说，拖延一阵子并不是坏事

在这个讲求效率的时代里，"拖延症"受到人们的一致批判，但心理学家们认为，拖延并不一定是坏事，特别是在进行创意思考时，拖延一阵子反而是最有效的方式。

可尼可拉便是赞美拖延价值的心理学家中的一位，她指出，在进行思维激荡、投入新任务前，最好让自己暂停一下、清空一下大脑。而美国组织心理学家阿德曼·格兰特则称自己是一个"拖延者"，并认为，对于原创思想家来说，稍微拖延一下是必要的习惯。

格兰特依据自己的一份研究报告指出，在工作前打半小时游戏的人，想出的原创商业理念远比那些立即投入工作的人更多。他直言："虽然并非所有拖延都会产生创意，但有价值的创意绝对是需要时间去孕育的。"同时，他还表达了自己对拖延的看法："我们的第一个想法往往是自己最习惯的那个想法，但当你有所拖延时，其实这更有可能让你的思维活跃起来，而这也会给你提供一个发现意外模式的机会。"

事实上，很多跳出框架的思考者都是慢性拖延者，莱昂纳多·达·芬奇花了整整16年的时间才完成了《蒙娜丽莎》；美国互联网眼镜电商品牌Warby Parker创始人也说："他们直到最后一分钟，才决定网站的最终版本。"

拖延的目的是在你开始工作以前，确认有新的观点产生。格兰特以一些视觉图像为例：当我们花费多一些时间去观看时，会从同一张图片中发现不同的层次，而我们进行创意思考时也是一样，暂停是给我们的大脑时间，去形成创意关联性，组织模式，或只是从不同的角度看事情。

试试减少脑部活动：最棒的想法往往在淋浴时出现

你很可能有过这样的经历：已经被一个问题困扰了一整天。可眼下你就是被卡住了，不管你怎样努力都想不出解决的办法来，你甚至直言，自己快被搞疯了。

可当你到晚上站在沐浴花洒下洗澡时却大叫道："我发现了！"创意的火花在脑海中闪现——你会惊叹，为什么自己没有早点想到？

这也是谷歌公司CEO桑达尔·皮查伊的生活中常常会出现的经历。从他入主谷歌以来，他通常严守一个礼拜工作60到80个小时的纪律，当他回忆起自己多次"啊哈"解决技术难题的奇迹时刻时，它们往往都发生在一段长距离的散步或者放松的沐浴后。他也看到，同样的事情发生在整个工程师团队中：每个人都很专注地工作，他们必须要在截止日到来前完成任务，结果，忙到圣诞节时才有喘息的时间——可替代的解决方案在此时才出现，之前，他们做了一堆完全没有必要的事情。

为什么会发生这种事情？玛瑞安·可尼可拉对此提供了很好的解释：头脑就如同一个舞台，演员们在上面来来回回，且舞台上可活动的空间很有限。当我们深度聚焦于一个问题的解决时，我们看到与听到的都是挤在台上、正在思考的想法。此时，大脑中根本没有什么空间留给新思路进来。

只有当你减少大脑中的活动，去进行一些诸如沐浴、长距离散步之类让身心放松的活动，在大脑放松下来时，我们的潜意识才会出来帮助。之前，脑袋已经被问题给占满了，现在，舞台多了一些给其他创意进来的空间。将脑袋清空，重新设定观点，才能知道自己真正需要的是什么。

运用“关键洞察”，为自己计划“停机时间”

事实上，一味地努力，甚至将大部分时间都用在工作上，不仅会使我们承受工作过度的风险，同时也会使我们做出策略性选择，以及更好进行创造的动力都大大减少。试着想一下：

☞ 在最近的工作中，有多少时间是为了想出周全的替代方案或者点子而被浪费掉的？

☞ 有哪些机会是可能产生更大影响的产出，你本身有可能实现的？

制造创意萌发的条件，并让自己成功的最佳办法是，在没有工作压力的时候便设定好健康的例行事务，这些同样的习惯将变成你默认的行为，就算当日有工作压力也一样。

这就如同背离直觉一样——但这将可以刻意地腾出日常让你远离工作的

时间，你将避免将精力在普通工作中消耗殆尽，更能在提升你创意概率的同时增加工作效率。

比如，你可以：

◆ 在一天的工作时间里定时休息

站起来，做几分钟的伸展动作，到外面走一走，或者与同事聊聊天。使用番茄计时器（一种将每段集中工作的时间定为25分钟的工作软件）或者其他类似的软件，它们可以更好地提醒你，已经到了该休息的时间了。

◆ 在不同的工作地点轮换工作

你可以到图书馆、咖啡厅甚至是公园等不同的地方去工作。换个场景，可以给心智带来新的刺激，它可以不定期地鼓舞一个人的动机与注意力。

◆ 冥想

越来越多的科学研究证实，长期进行冥想可降低压力，并且让神经产生正面的变化。

◆ 工作前或工作后进行运动

在每日的工作前走上15分钟的路，或者在工作结束以后进行25分钟的慢跑，这些都是非常棒的更新能量的经验。

◆ 睡觉前一小时远离电子设备

这种办法除了可以帮助你腾出更多时间来思考以外，也可以让你在一天结束以前放松下来。

改变你眼下的作息习惯并不简单。不过，一旦你开始持续进行一个周期，便很容易重复同样的动作，因为渐渐地，它会成为一个习惯。再过一阵子，当你遇到其他事情如同一时间需要你参加聚会时，你会更倾向于选择这种活动。

看起来，策略性地进行拖延，使任务在脑海中酝酿，可以帮助你产生更多的创意。而这些与“努力”的观念相背离的研究结果也为我们提供了一个很有力的观点：有策略地腾出时间来，跳出工作，可以让我们更有创造力，让我们以更少的时间实现更高效的工作。

6. 架好望远镜，跨越创造力的障碍

在寻找新的解决问题方式的道路上，创造力的障碍其实可以使用一个例子来比喻：一条路，通往创造力答案的路艰难且布满了绊脚石，这些绊脚石便是你要达到目标的过程中，需要尽力去躲开的创造力障碍。你熟悉这些绊脚石，并且可以很容易地识别它们，而这些恰恰是跨越它们的关键。

在开始研究问题时，这听起来有些难，你需要更有意识地去学习跨越障碍的内容，并且，你需要将下面讨论到的知识进行自觉的运用。不过，不管怎样，通过频繁的练习，你会因为形成新的思维习惯而更倾向于在无意识间去应用这些知识，而你的大脑也会很自然地预见到创造力的障碍。

一般来说，有四类问题可能引发创造力的障碍。

造成创造力堵塞的四类障碍
• 观察障碍：这些障碍妨碍你看到问题，或理解解决问题需要的信息。 • 环境障碍：由你的文化或所处环境所引起的问题（如当事人）。 • 感情障碍：这些障碍阻碍你自由地形成或表达你的思想。 • 智力障碍：由政策、信仰或表达造成的问题。

与其他障碍相比，观察障碍更频繁地出现，同时也在影响创造力发挥的过程中占据了更大的比重。

我们可能一直在看，但并不总是能够看到一切。有时候，我们遭遇创造力的障碍的一个重要原因在于，我们并不知道问题到底在哪里，或者，我们无法得到足够的信息去解决问题。在这种情况下，你就需要架好自己的望远镜，以此来更好地跨越创造力的障碍。

确定真正的问题

美国著名心理学家约翰·杜威曾经说："好的问题定位等于解决了一半的问题。"恰当地界定问题对于促进创造力方案、使问题得到彻底解决有着极其关键的积极作用。为了实现对问题的界定，我们需要从以下几个方面入手：

◆ 获得大量的建议

如果你是一位设计师，你需要了解自己的客户想要的是什么，他们为什么想要，以及他们的目标是什么。了解你的客户，了解他们所做的产业，更要了解你客户的客户——也只有从这几个方面获得了综合而全面的信息以后，你的问题才能找到解决的出口。

◆ 小心误导性信息

很可能你的客户并不是很专业，或者他们并不善于向你阐述自己的理念，所以有时候难以明确你期望从他们那里得到什么，或者他们应该期望从你那里得到什么。此时，交流便显得格外重要了，你与对方交流得越多，误导性信息出现的概率便越小。

◆ 反复检查

一种不好的倾向是利用最少的时间去确定客户期望从你那里得到什么，

以及你有什么可能的解决方案。很多设计师想要直接完成自己想到的第一个方案，但却在实践过程中，不久便遭遇了失败，而这恰恰是未曾检查所导致的恶果。因此，你需要在“检查—落实”之间合理地分配时间：有充裕的时间去检查，更要有足够的时间去落实自己设计出来的方案，只有这样，你与你的客户才会更开心。

◆ 不要在确定的问题上过分地拖延时间

若你考虑得比对方要求的还多，顾客也许会感觉你将自己的想法强加于人。因此，你应忠于自己的任务，但是必要时要做出决定，并要敢于尽可能透明地与顾客针对分歧、意见交流。

换句话来说，如果你的客户向你提出了“我要建立一个新网站”的要求，那么，你所面临的问题绝对不会是“我的客户想要一个新网站”。

一个人想要一个网站肯定是有原因的，你应将自己的眼光放得长远一些，超越最初的问题，去寻求问题的根本所在，并构想出一个让你与自己的客户都满意的、正确而完备的概要。

从不同的视角看问题

很多问题并不只与解决者有关，而是与更多的人相关。比如，当你准备为客户开发一个网站时，你所做出的最终选择如何，不仅事关你与自己的客户，而且事关网站的使用者——一个好的解决方案会符合更多人的利益，而不是只局限于某一方面。

值得注意的是，扩大个人视野往往很难做到，而且并不是每一个人都可以做到的。作为设计或开发一类的创意工作者，有时候往往很难从另一个角度去审视自己的创造，所以，在实践中，可用性测试便显得极其重要了。

微软对产品测试极其重视，其Windows部门的开发和测试人员的比例高达1∶1，这些测试人员负责对开发人员所设计出来的每一个环节进行严谨的实际测试，并指出到底有哪些地方不符合公司的未来发展、顾客的使用习惯和未来的软件兼容趋势。

在内部进行测试以后，新产品还会以“开发版”来推向市场，向那些有尝鲜勇气的顾客们征求意见。这些由终端返回来的意见使产品有缺陷的地方得到了极大的弥补，同时也使正推向市场的销售版显得更合理、更贴近现实操作的需要。

因此，与其他产业、职位的人一起工作就变得十分明智了，或者，你只需要与一个潜在的使用者一起，为自己的问题想出一个可能的解决方案，甚至测试自己设计的潜在解决方案。他们为你提供的，是来自于终端方的无价之宝。而这种共同的工作，将可以大大扩大你的视野，提升你的解决方案质量。

减少你所接受的信息量

先将这本书放在一边，然后拿出一张纸，尝试着画下你的汽车仪表——不要借助于任何帮助，只靠自己的记忆力。画完以后离开放在一边，过五分钟再回来。

欢迎回来！现在，将你画的仪表与真正的仪表相比较，或者与在网络上搜索到的仪表图片相比较，你或许会惊讶于它们是多么不同，或者说，你画的与真正的仪表有多么不同。这是怎么回事呢？

大脑中发生的饱和便是这样一种现象：在创造思维发展的过程中，我们的大脑会尽可能地收集更多的有用信息，以此来找到问题的解决方案。但是，饱和自身就是一个障碍。我们很快便获得了过量的信息，而这种情况会导致你难以清晰地进行思考。

这是一种危险的障碍，而且具有两面性。有时候，我们认为自己拥有足够的信息，但需要的时候却无法使用它。另外，有时候，我们忽略了太多的信息，而无法创造更好的创意环境。我们每日从网络、电视、报纸等方面接受了太多的信息，但却可能什么都不记得。所以，想要准确地画下你的汽车仪表几乎是不可能的。

我们要如何才能打破这一障碍呢？这里有两个重要的解决方法：

◆ 给问题以时间

记住，很多创新的解决方案都是你在生活中突然想到的，因此，别那么着急让自己寻找解决方案，给所有的信息以时间，让它们被潜意识分析，你的头脑会慢慢地清晰起来。

◆ 对高质量的信息进行收集

在实施重要项目时，亚马逊云计算部门AWS首席执行官安迪·贾西总是拿着个文件夹，里面放着各式的网站、图片以及其他形式的灵感来源。“这样，你的信息会变得更容易使用，而且你很容易提醒自己，当项目再次开始时你正在做什么。”安迪如是说。

同时，处理信息的时候要敢于剔除：那些眼下用不到、很可能日后对其他项目有用的信息，应大胆而决然地剔除掉——别让它们混淆你的记忆力，形成阻碍你创新的所在。

试着去闭上眼睛

我们常常会遇到的一个问题是，我们非常信赖视觉，并进而忽略其他的感觉而主要信赖视觉（有时候是听觉），尤其是在寻找新的解决问题方式时。

信息是事物及其属性标识的集合，同时也是事物运动状态与存在方式的具体表现形式，它对于启发创意有着积极的作用，可将自己的创意来源集中在一种渠道并不合理，真正有创造力的人应该尝试着去接受各类感觉信息。

想象一下：你的客户正在要求你做一个有关蜂蜜销售的平面广告，如何做才能将蜂蜜的味道与气味变成视觉体验？

此时，你就可以挑战自我，仅以味觉作为主导感觉来设计配色方案。这的确很有挑战性，但是，通过使用多种有可能的感觉信息，你能够开发得很好。

另一种创意人员常常会使用的激发创意的方法是，暂时地关闭某种特定的感觉器官。比如，闭上你的眼睛，倾听周围的声音。试一下你就会知道，闭上眼睛你会听得更多，也会听得更好。

现在，试着将上述理论联系到实际中来：回想一下自己遇到的问题，尝试确定，你是否经历了上面提到的问题？你能找出问题在哪里吗？你是否做到了从另一个角度看问题？或者对你来说，只是因为当时信息过量，才无法寻找到新的解决问题途径？

回顾过往你所遇到的同类问题，并了解为什么你总是在特定的方面出现此类错误是非常明智的选择。同时，写下这些问题，并思考自己怎样才能更好地避免或者更快地解决它们——这样做可以帮助你在未来避免同样的错误，并识别出自己所遇到的真实问题。当你能够做到上述内容时，解决观察带来的创意问题便不成问题了。

7.从疲惫生活里，采集思维的火花

你可能认为自己是一个思想平庸的人，创意于你而言几乎不存在。但美国现代心理学家苏珊·大卫的研究却显示，每一个人都拥有极强的创新力，关键在于，个人是否能够从平凡的生活中发现那些能够触发灵感的火花。

“新的解决问题方法并不一定产生于那些时常拥有奇思妙想的人，事实上，只要你能对外界的刺激保持开放的态度，同时保持内在的专注，更好的创意便随时有可能发生。”大卫这样解释新方法、新学说的产生。

她指出，其实，环顾我们的四周便可以发现，电脑、手机、物联网……几乎所有的东西都是创新的产物。人类的进化史其实就是一个创新迭代的过程，创意性解决问题的能量蕴藏在每一个人基因深处，人人都有可能成为下一个创意者。

不过，审视那些成功创新者的经历便会发现，他们的创新绝不是灵光乍现，而是不断地采集思想火花，并努力进行完善的艰难过程。

大卫指出，虽然创新的路径多种多样，但它们大致可以概括为两种。

◆ 利用“第三只眼”挖掘

大卫在《创新的另一面》中指出，创新者通常拥有一个共性，即已经在自己的领域里积累了大量的经验与信息，但是却从来不会被困于这些知识。他们勇敢地抛开这些既有的框架，以一种开放的心态去发现不足与变化。他们会在大量的思考后，果断地将不可行的想法放弃，并集中于那些拥有数学中“简洁感”的想法，努力地加以完善。对于这种看问题方式，大卫将之称为“第三只眼”看问题。

在最需要创意的商业领域中，当下流行的一个词是“客户体验”。解决客户体验的关键在于，发现不足且正确地定义问题。举例来说，研究表明，人们排队超过3分钟后心理便会出现变化，此后的等待时间往往感觉上比实际时间更长，所以，问题并不是如何缩短等待时间，而是将感觉上的等待时间缩短。

海底捞把握了“排队”这一问题的切入点，并成为行业中的优秀创新者。它推出了在等待时免费美甲、娱乐等多种服务，而其目的其实都是通过转移正处于等待状态的顾客的注意力，缩短感觉上的等待时间。

相反，如果你将资源与营销重点放在了错误的问题上，你将无法得到正确的解决方法。正确定义问题的能力，需要“第三只眼”的深刻洞察与挖掘。

◆ 培养“移花接木”的能力

大卫指出，那些富有创造力的人一般兴趣广泛，他们会涉猎不同的领域，并拥有强大的联想能力，能够将毫不相关的事情联系起来。就如同生物学上的嫁接一般，在现实基础上创造出新的东西。

美国著名心理学家哈里·希斯赞特米哈伊认为，想要培养起“第三只眼”与移花接木的能力并不容易。我们的思维有一个基线状态，这一状态可称之为“思维之熵”。这本来是一个物理概念，在心理学里表示系统不受外部干扰时，往内部最稳定状态发展的特征。它所代表的是我们在日常生活中最安逸、最省力的状态，而这种状态会破坏追求兴趣、解决问题最需要的专注力。

所以，在解决问题的过程中，我们需要不断地努力，平衡这两种相互矛盾的力量。具体到日常生活中，我们有以下三种方法可以运用。

像创意者一样思考问题

创意者在做每一件事情时，都会有意识地进行原创选择，无论是工作方案的改进提升还是日常生活中衣食住行的选择。他们不断地观察周围的世界，随时都准备着去发现可以做得更好的机会，或者干脆用另一种方式去取代。

训练创意思考的目的在于，对那些自己习以为常的事情进行审视，在日常生活中找到更多让你产生心流的事情。心流即当你在做自己非常热爱的事情时，那种目标清晰、行动顺畅、时间在不知不觉间过去的完全投入的状态。

将自己每日的体验记下来

你可以使用本子、手机、iPad等随手能够找到的东西，记下自己的灵感，或者从某个特定的任务开始尝试，记录笔记，延长自己的体验时间。在持续一段时间后，你会从这些记录里发现一些有趣的模式，包括哪些东西可以让你产生心流，哪些是你需要调整的生活节奏。

将人生当成一场旅行，在各种不同的领域中漫游并享受，积极地汲取灵感，勤于记录，不断地累积、总结，直到产生新的想法——总有一天，你也能找到创新的切入点。

尝试着去改变自己的注意力模式

抽出时间来与身边的亲友交流一下，询问他们对你的看法，尝试着去做一些相反的事情。假如他们说你是一个急躁的人，那么，尝试着去耐心而细致地规划每日的工作和处理人际关系。若他们说你是一个喜欢开玩笑的人，不如严肃且正经地展开一些必要的谈话。时不时进行一些这种反向的尝试会使你的感受得到极大的丰富，帮助你打开不同的视角与感官，使你所欠缺的创造能力得到发展。

有关解决问题的创新途径，我们需要意识到这样一个真相：生活从来不会万事俱备，我们总是会处于一种匮乏之中，不满、缺失、不公平与失望的感觉总是会接踵而至。创造力为我们提供了找到更多可能性的思维模式，它可以帮助我们跳脱惯常的能量循环，进而找到惊喜的解决之道。

因此，当你接手无聊的工作，或者面对缺乏人力、经费支援的窘境时，先不要急着去抱怨，给自己几秒钟的时间，想一下要怎样通过创新式的方法去处理，有没有新的角度可以去看待这件事情。有时候，我们缺乏材料与方法，而这恰恰是创新的火花，因为这种匮乏促使我们在有限的资源中做出选择，并建立起新的联系。

日积月累，你的思维模式便会悄然发生改变：你将不再是被动地接受生活，而是会主动地去改造它、真正地开始享受它。因此，别在疲惫的生活中尝试着去成为创意大师了——当你能够利用创意去解决生活中的每一个小问题时，你便已经掌握了创新的艺术。

Chapter 4

进化心智模式，原来我还可以这样做！

想让自己具备出色的想象力，最重要的一点就是要改变心智模式。心智模式根深蒂固地存在于我们的心中，影响我们如何理解这个世界，以及如何采取行动去应对问题。但是，由于心智模式隐而不见，且具有自我增强的特性，它往往极难改变。这就需要你掌握一定的技巧，在自省、学习的过程中实现创新和变革。

1. 回视：你的思维习惯升级了吗？

很多人都误以为，个人心智与思维等同于他们自己，他们将个人心智看成了自我的同义词。特别是在涉及心智成长时，这种看法便存在问题，因为它会鼓励我们将自我意识与思维状态混淆在一起。当个人思维表现糟糕时，我们便倾向于维护自己犯下的错误，而不是诊断并解决个人思维存在的问题。

更有效的做法，是将我们的心智看作自己可以利用、训练与管理的一种资源，将它想象成一种你拥有的技术——一种软件与硬件相结合的高级工具。这门技术无比强大，但如果有需要，你也可以改进它当前的运作状态。

如果你不愿意升级你的心智，那么，你可以读一下狗鱼的故事。

> 狗鱼是在北半球寒带到温带里广为分布的淡水鱼，这是一种凶猛而狡猾的肉食性鱼类，它总是会想尽一切办法去捕食小鱼。
>
> 耶鲁大学的自然科学家们曾做过这样一个实验：他们将一条狗鱼与许多小鱼放在一个水箱中，并用一层玻璃将狗鱼与小鱼分隔开来。饥饿的狗鱼开始不断地冲撞玻璃，但怎么也无法逾越障碍。最终，丧气的狗鱼被饿得沉到了水箱底部。
>
> 此时，科学家们将玻璃障碍移开，以方便狗鱼饱餐一顿。可接下来发生的事情令人大吃一惊：狗鱼对那些游过身边的小鱼熟视无睹，并最终饿死在了水箱中。

在得知这一现象后，心理学家将其称为“狗鱼综合征”：它生动地展示了假想的障碍会如何麻痹我们。出于恐惧或者某种不存在的障碍的影响，我们可能甚至不会去考虑任何其他的可能性。狗鱼综合征也在真实地提醒着我们：我们需要适应外界的变化。

另一个需要我们在心智思考过程中避免的危险是大脑陷阱。心理学家指出，我们的大脑就如同一台功能强大的计算机，但它们有时也会将我们引入歧途。人类的大脑总是很擅长扫描自己的记忆与回顾过往的经历、情形、问题与解决方案。然后，它会处理这些信息，并迅速地根据以往奏效或不奏效的情况来提供相应的解决方案。在处理日常生活中常见的问题时，此类思考往往可以帮助我们从经验中增长智慧，并避免犯下同样的错误。

但这种通过回顾来解决问题的方法也有需要注意的地方。思维的本质在于发现新观念、找到新方法、寻找新理念，而这些与大脑喜欢的工作方式都存在着内在的冲突。在意识到这一陷阱后，你便可以质疑大脑提出的想法，此时，你只需要问一下自己："这是一个新鲜且充满了可行性的做法呢？还是过去某种模式的简单重复？"

心理学家认为，如果想要完全地了解自己是否受到了"狗鱼综合征"的影响，或是否遭遇了大脑陷阱，我们可以从观察自我思考模式入手，更新自我思维习惯。

观察自我思考模式

大多数时候，我们都会尽量避免为自己的表现打分，更多人习惯埋头向前、不问结果，这样，不论结果是好还是坏，我们都会告诉自己说："我努力过了！"

但这样的努力究竟是对的还是错的？心理学家认为，我们应该学会时常给自己按下暂停键，看看自己是否在朝着正确的方向前进，自己所做的一切是否有利于目标的实现。特别是在创新时，自我评估便显得更加重要了。

不过，心理学家也直言，我们往往很难准确地回顾自己的思考模式，所以，很多时候，我们也无法判断自己的创新水平到底如何。这种情况下，你可以采用心理学家的办法——有意识地去记录自己。

比如，在参加会议——特别是由自己主持的会议时，不妨做下现场录音，会议结束以后在回家路上再听一遍，同时，一边听一边想想看：

☞ 会议上有谁提出了新的想法？

☞ 这一想法是否刚提出来，就被你打断了？

☞ 你是否提出了什么想法？

☞ 若自己的想法没有立刻得到大家的热烈响应，你是否还会坚持向大家解释？

回顾对话模式

心智升级的最重要表现就是，个人能够表现出创新性的思维。可是，真正全新又精妙的想法并不常见，我们常常会下意识地做一些假设，并因此而束缚自我创意——这也是创意思维与常规思维的最大区别。

大多数时候，我们都是在做常规思考。我们很少会去拓展自我思维，去深究自我想法。一般来说，我们每个人每天会说2万到3万个词语。其中传达的很多想法都是比较实际的。

但尽管如此，我们还是能够从一些谈话中找出被淹没的金点子，比如说，在与团队或部门开会，或者跟朋友通电话时，很多创意往往会跑出来。因此，反思一下你的谈话模式，特别是在沟通如何创新时，这样下次你便会更容易地对谈话加以引导，将话题转向更有利于创新的方向。

下一次与朋友通电话时，一旦发现了对方可能要说什么有趣的想法，立刻告诉对方先稍等一下，开启通话录音，然后你们便能够尽情地思想碰撞了。待谈话结束以后，回放谈话，并看一下：

☞ 你是否在鼓励对方发挥创意？

☞ 每当听到对方提起什么有趣的想法时，你是否会继续深入，还是会转移话题？

当你提出有趣的话题时：

☞ 对方是否会鼓励你说下去？

☞ 你是否会继续深入探讨，甚至将对方的想法升级？

调整自我思考模式

一旦发现自己的某种思维模式或是谈话模式会扼杀你或其他人的创意，或是感觉他人的思维模式会扼杀你的创意，那就说明，你需要做出一些调整了。

心理学家指出，在这种时候，个人便不要再去想着如何去进行创新，而是要静下心来想想看，怎样才能更好地接受他人的创意，或是更好地鼓励他人提出创意。

◆ 给他人留出足够的空间

想要接受或听到他人的创意，你需要先留给对方足够的空间，使其有机会清晰地阐述自己的创意。哪怕你感觉自己已经很清楚对方在想什么，也要让他把话说完——想想看，当你说话正在兴头上被别人打断了，你会有怎样的感受？想要让他人如何待你，你就要如何去待他人。就算你感觉他人的想法不具可行性，但至少对方为你多提供了一些可供参考的想法。

◆ 把握好时机

若对方在扼杀你的创意，根本不让你完整地表达自己的意思，你又该如何调整？

这种时候，你应该问一下自己："我是否一次冒出太多的想法了？"如果真是这样的话，那就证明你没有把握好时机，你需要冷静思考一下。

☞ 换个时间再说是否会比较合适？

☞ 下一次开会时再提这个话题如何？

☞ 是否能安排在其他的时间？

☞ 是否可以在开口以前先征求他人的许可？

☞ 是否需要先跟上司打声招呼？

很多时候，他人之所以听不进去我们的建议，完全是因为我们未能选择正确的时机。特别是在说服上司或是公司的高层聆听你的创意时，你更需要把握时机。

因此，下一次向他们开口以前，问问自己吧："现在说这些合适吗？"

◆ 坚守立场

著名企业管理专家杰克·韦尔奇曾经说："去太空看看也不错，可以领略宇宙的浩瀚，感受外太空的神奇，这一切真是太棒了！但你只需要一个前提：你需要保证自己可以回到地球上。"

你必须要学会落实，若其他人不了解或者未曾从你的想法中直接受益，那么，你的创意便流于空想。因此，一位真正的心智高手往往也是一个表达高手。这也点明了一个问题：如果你感觉自己的表达能力欠缺，那么，从现在开始提升它吧！不懂得推销自己的想法，无法说服他人来支持你的想法，那你就不能算是真正的心智高手。

> 下面是心智高手们经常用来表达自我想法的一些方式：
>
> - 安排一场讨论会；
> - 开一场宣讲会；
> - 将你的想法发表在论坛上；
> - 在开会以前，先私下里联络一些支持者；
> - 准备一份说明书；
> - 在行业期刊上发表介绍性的文章。

一旦你调整了自己的思维方式与习惯，使其变得更容易理解他人或者被人理解的话，那么，将会有更多的人愿意倾听你的创新主张。而被人所接受，恰恰是个人思维升级、心智提升与想法落地的重要步骤。

2. 你是受害者，还是掌控者？

我们总是过于习惯拿外在因素来解释缘由。比如，迟到的话，我们会说路上堵车。的确，我们的确会受外在因素的影响，但每一个行动，其实都反映了个人的决定，无论如何抉择都是我们自己做出的选择：你明明知道周一早高峰会堵车，可自己依然选择了赖床，而不是早起五分钟。从这一角度上来看，“迟到”并不是堵车的后果，而是你自我选择带来的结果。

美国心理学家白斯·瑞查德对这种心理进行过自己的表述：“如果某个错误从来就不是我们的错，我们就不需要为它负责；如果我们不需要为它负责，我们便始终是受害者。”白斯先生认为，这种自怜很容易成为最具有破坏性的非药物性麻醉。在这种自我麻醉里，人会上瘾，将事件里受害者的部分剥离出来，以得到短暂的安慰。

这也是受害者心理的最大问题：持有这种心理的人会认为自己是控制不了自我命运的受害者。而处于自怜状态下，我们会感觉整个世界都在与自己对立，陷入僵局。这时如不积极地采取行动，人便会迷失在忧郁与自怜的恐惧之中。

将责任推至其他因素上，可能会保护你免于受责，但亦会令原因无法厘清，解决方法也会因此而被湮没。将自己看成受害者还是掌控者，反映的是你倾向于开放性地接受他人的意见、批评，还是经常性地自我防御、为自己开脱。

常常将自己看成受害者的人往往有种倾向，他们常常会将“应该”挂在嘴边，但表达的对象却不是自己，而是别人与环境应该怎样。这就意味着，在事情发生以后，他们聚焦与关注的是他人的责任与过错。相比之下，那些认为自己可以左右事件、而不被事件左右的人，他们更常说“我可以……”，并将目光集中在各种可能性上，力求吸取教训后有所改进——这样的人在心理学上被称为掌控者。

现在，问题摆在了眼前：既然掌控者明显更有力量、更积极，为什么许多人依然热衷于成为受害者？

受害者心理让沉溺其中的人享受到精神上的乐趣

普林斯顿大学的心理学家乔恩·达尔指出，当个人沉溺于受害者心理时，往往会获得以下心理上的好处。

◆ 关注与验证

你会一直感觉他人对你不错，因为他们会关注你，并想要帮助你。可这种缘于“同情”的关注并不会持续太长时间，时间一长人们便会厌倦。

◆ 你不需要面临风险

当你想做个受害者时，你会倾向于不采取行动，这样一来，便不需要面对拒绝与失败了。

◆ 不需要去承担偶尔的重担

为自己的生活负责是一件辛苦的事，有时候，你不得不对一些恰巧发生的、沉重的事情做出痛苦的抉择。当你被受害者心理左右时，在短期以内，你会倾向更容易的选择，而不是要个人负责的。

◆ 让你感觉良好

当你感觉这群受害者中的一个或者一些人是错误的，而你是对的时，这会让你感觉相当不错。

乔恩·达尔从自身的经历出发，指出他从受害者心理中感受到的最大益处是，它让说“不”变得更容易，从而去选择走一条不同的道路。对于去做什么，将更容易给出安全的决定。的确，当你想象自己是个受害者时，你可以尽可能地避免风险，并且很难在矛盾之中采取行动。但事实上，若你选择其他的途径，做更冒险的选择，同时坚持走下去，将会获得更多的积极结果。

不做受害者，并熟悉不适的感受

要摆脱受害者心理，你就必须放弃上述益处。事实上，当你走出受害者心理时，你或许会感到内心有些空虚。以前，你很可能每周需要花费几个小时去思考或诉说，那些在你的生活中发生过的事情到底怎样了或者别人是怎样冤枉了你，而你又是采取了怎样的措施去报复、击败他们的。

现在，你不得不使用新的思维去填满自己的生命——这会让你感觉不舒服，因为你已经长期处于受害者心理之中，突然的心理情绪变化，自然会让你感觉不再那么亲切、熟悉。

尝试着成为掌控者，为自己的生命负责

为什么人们总是有自大的毛病？乔恩·达尔认为，其中一个原因就是，他们对自己的生命不负责任。而另一个原因则是因为一些习惯将错误归咎于发生的不幸之事——一种受害者心理便自然产生并被认可了。

这将侵蚀你生活中的许多重要部分，比如人际关系、成就感、事业心。这种伤害除非你醒悟过来，并对自己的生命负责，否则它们永远不会停止。

这种区别真的非常明显：只要试一下，即使你只是对自己的生命彻底地负责一天，你也会产生极佳的自我感觉。这同时也是一种结束对外界认可和他人的夸奖过于依赖的办法。反之，当你开始建立起坚定的信心，并使用积极情绪去积蓄能够点燃你生命的内在源泉时，你便能够忽略周围的杂音，专注于自己的目标。

原谅那些你认为伤害了你的人与事

醉心于自己的奋斗过程，最需要你做的事情是宽恕。以一种实际的方式去宽恕，真的对你非常有益。在哲学家凯瑟琳·庞德的话里，你可以找到宽恕的有力理由：“当你对某人某事持有怨恨时，你必然要与那人那事，保持着一种比钢还要坚硬的情感联系。而宽恕恰恰是消解这种关联，获得自由的唯一方法。”

的确，只要你不肯原谅，你便一直与那人那事有关联。你将一遍遍地想起那伤害了你的人，以及他们曾经做过的事情。你们之间的这种情感联系是如此强烈——只有当你原谅对方时，你不只释怀了自己的不满与痛苦，同时更让自己拥有了一个从受害者心理中走出来的出口。

变得更加富有建设性

当你陷入受害者状态时，不妨问自己一个简单的问题："现在的我要如何实现价值？"通过这一问题，你可以将注意力转移到那些真正有益的事情上，使目标清晰起来。

一个有效的办法是尝试一下如何去给予其他人价值——这也正是为什么在成功者的人生观念中，"慈善"是一项必不可少的项目的原因。

> 在美国钢铁大王安德鲁·卡内基的观念中，"人生必须要有目标，而赚钱是最坏的目标，没有一种崇拜比崇拜财富更坏的了"。也正是这个美国人，最早倡导富人应该将钱捐出来，去帮助那些真正有需要的人。

成功者致力于慈善事业的思维反映出来的是这样的事实：你对待世界的方式，对你如何表达、如何认识自己有巨大的帮助：评判他人越多，你便倾向于更多地评判自己；对他人越友善、越愿意帮助他人，你也会更倾向于对自己友善。

另一个让自己变得有建设性的方法是，当你发现自己深陷于"这不是我的错""事情根本不受我控制"的受害者角色中时，不要纠缠于一个问题而拖垮自己。尝试着去问自己：

☞"我要做什么可以改变这一状况？"

☞"谁能帮助我？"

☞"我可以从哪里得到帮助我解决这一问题的信息？"

通过让自己变得更有建设性，你便不会陷入受害者心理之中，而是开始朝着解决问题的方向前进。那会给你带来更好的感受，而整件事情也会运转得更好。

当然，另一个需要我们去注意的事实是，从受害者心理中彻底走出来并不容易，你甚至会因为不习惯这种思维变化而在某些日子里频繁犯错。没关系，对自己友善一些：如果你非要追求完美，那么，一个小失误都可能导致很大的错误，甚至会引发你陷入挫败和自我怀疑，跌入一个非常消极的状态很多天。这时候，给自己放一个假，放松一下自己，同时利用上述方法，重新让自己进入一个积极与被授权的掌控者状态。

3.别视为“差距”，要当作“差异”

现实生活中，我们常常会遇到他人对自己的评价或者被和他人进行比较，在这样的氛围下，很多人都难以活出最真实的自我。

日本心理学家齐藤勇教授曾经提到过自己的一位男性友人。

> 他毕业于日本一流大学东京大学，长相十分帅气，在大学时期还曾经做过模特。在外人看来，这样的人简直完美得令人羡慕，可是，他对自己的评价却很低，因为父母从小就不断地拿他与其他的孩子比较：“你输给了××喔，要多努力！”
>
> 尽管他考上了东京大学，可依然有人比他优秀；在模特的世界里，也有许多人比他更帅气，因此，他认为，自己不管置身于何处，都不够优秀——虽然难以置信，可这就是他对自己的真实评价。

“与优秀的他相比，我简直就像是笨拙的丑小鸭了。”齐藤勇教授这样说道。在这样一个优秀的男人身上，为什么也会表现出“看不上自己”的一面？为什么我们总是习惯性地否定与贬低自己？

美国心理学家乔·拉福特提出了关于人自我认识的窗口理论，该理论指出，人们对自己的认知其实是一个不断探索的过程。在这一探索过程中，最容易被忽视的就是盲目的自我。

> 窗口理论中，个人自我可分为四个部分：
>
> - 公开透明而真实的自我：自己很了解，别人也很了解的我。
> - 盲目的自我：别人看得很清楚，自己却不了解的我。
> - 秘密的自我：自己了解但别人不了解的我。
> - 未知的自我：别人和自己都不了解的潜在部分，但通过一些契机可以被激发出来。

有一些人总是习惯拿着一面可以放大无数倍的放大镜看自己的缺点，并拿着这面放大镜去看别人的优点：对比他人出色的地方，自己的缺点是如此多，问题是如此严重，以至于他们在自我评价时甚至会到自惭形秽的地步。这类人将缺点、问题、失败的经历与“自我”画上等号，并最终得出“我很差劲”的结论。

“不管我们在哪些方面做得再优秀，这个世界上总归有超越我们的人。”齐藤勇教授直言，人与人之间总会有不一样的地方，个人将这种不一样看成是“差距”还是“差异”，直接决定了个人对自我评价的高低。

事实上，正是因为差异的存在，世界才呈现出缤纷多彩的样子。当你能够给予自己适度的评价时，即使遇到挫折，也会期待下一次的考验，并且汲取这次失败所学习到的经验，而不是过分指责自己。而那些真正能够做到这一点的人也更容易摆脱负面的情绪，坦然地接受真实的自己。这类型的人会认为，每一个人都有其优点与缺点，因此，不会只计较自己与他人之间的差距，而是接受彼此的差异。

由此可知，重要的是适当地进行自我评价，并且调整心态，在正视差异的同时，学会接受真实的自己。

与别人比较时，将彼此的不同视为“差异”

举例来说，在公司举办年会时，有些人适合担任带动气氛的主持人，但你可能怎么也做不来，由此便会感觉自己与对方“差距”甚远。事实上，并不是每一个人都需要负责带动气氛，因为不管是炒热气氛的人，还是亲切地招呼大家、为大家准备饮料的人，在团队中同样可贵。

所以，别把你与他人的不同当成“差异”，更不要放大自己的缺点，轻视自己的优点：你或许性格沉静，不善于组织活动，但在面对一些重大事件的筹划时，公司却会第一个想到你——这难道不是你的长处所在吗？

内观觉察，与自己在一起

那些容易将差异视为差距的人往往有这样的特点：他们习惯将自我认知建立在他人的评价上。父母、朋友、同事甚至是陌生人的评价，都会对他们造成或积极或消极的影响。正如我们之前所提到的：这样做相当于将自己的人生与努力交给他人去评判。

当下一次你向外界寻求信赖时，不妨问自己两个问题：

☞ 你是否依然期待有人可以以积极的评价来拯救自己，好让自己不再感受到恐惧、痛苦或孤单？

☞ 你是否感觉自己值得被爱，值得自己去信任自己？

如果你第一题回答“是”，第二题回答“否”，那么你的内心就存在矛盾。

当我们能够拥抱被剥夺、被抛弃的感觉时，我们便开启了内在深沉的平静。大部分人之所以无法自信地进行积极的自我评价，而甘愿将自我评价建立在他人的评价之上，就是因为我们还不愿意去感受“一个人”的处境。

试着在生活中经常回到自己的内心去观察自己。或许你一开始时会很不习惯，因为你并不喜欢自己或是自己的生活情境，甚至想要逃开。可是，当你逐渐将眼光由外界收回到自己的身上时，你便会发现，自己的内在力量正在逐渐地累积、增长，你与自己的关系也正在逐步地改善。

我们都害怕得不到支持，害怕自己会处于孤单之中。可是，一旦内在力量足够时，我们就能有勇气去接受：哪怕外界不支持我，我也会爱自己、陪伴自己、支持自己。此时，情势就会逆转，因为正确的自我评价正是建立在勇敢面对内心脆弱与孤单的基础之上。

不过度解释失败

那些只关注差距的人往往会同样过度关注失败，当他们在工作或其他方面遭遇挫折时，便会过度地苛责自己，认为自己很无能。但事实上，失败与能力并不能混为一谈，的确存在那种因为能力不足而导致的失败，但当你付出了足够的努力以后，事情却依然失败了，你就必须要承认，你的失败是行动或方法有误导致的。

另一个过度解释失败的典型例子是不承认失败：人类可以承认一些事实的存在，其速度之快会令自己误以为拥有了自我接受。但事实上，若你无法正视失败的话，你所做的不过是自我否认与自我欺骗。

设想此刻你的上司正在解释，为什么你在某事上的行为是错误的。他充满了善意、毫无责备之意，但你的内心却被愤怒、烦躁所充斥，期望着他赶快闭嘴，自己好立即转身走开。他对你说话时，你不得不去面对自己“犯了错”的现实。当你离开以后，你就能够将之从记忆中抹去。“我已经认错了，难道这还不够吗？”其实，这只会增加了你再犯类似的错误的可能性。

自我接受是变化与成长的前提，更是正确评价自己的前提：如果你面对自己曾经犯过的错误，承认了它，你就可以从中接受教训，将未来的事情做得更好。若断然否认，你要怎样从中获益？

而当你忍不住与他人比较，甚至将人与人之间的差异看成差距时，不如将“世界上唯一的花”记下来，再温习一遍——你也是精彩世界里不可或缺的一个美丽。

4.生活是坚持与放弃之间的平衡

近年来，一个基本的品格——坚毅，在全球范围内逐渐成为最风靡的生活理念。

2013年时，美国心理学家安吉拉·达克沃斯在一次演讲中讲述了自己关于“坚毅”的研究，使得这一概念备受追捧。

安吉拉27岁时在纽约一所公立学校教七年级数学，教学过程中，她发现，成长与智商之间并无绝对关系。随后，她考上了心理学博士，并开始研究什么因素最能影响个人学习成绩，最终得出的答案是持久的坚毅：那些年复一年坚持着学习的学生笑到了最后。

因此，她大力提倡，坚毅在教育里不可忽略：“唯有培养起孩子们向着长期的目标进发，持续地保有激情的能力，才能使他们即使经历了失败，依然可以坚持不懈地努力下去。”

在英文中，“坚毅”（grit）一词原意为“沙砾”，指向的是那些坚硬耐磨的沙子，后来，它被引申为“坚定的精神与信念”，其意义近似于毅力。的确，很多时候，个人失败都与无法坚持到底有关，比如没能成功减肥，没能学好一门语言。美国心理学学会在一份名为“美国人的压力”的调查报告中指出，影响现代美国人改变自己的最大障碍，就是“无法坚持”。

毫无疑问，坚持是一个优秀的品质，可你也许未曾意识到，有时候，坚持也会给我们带来危害。

坚持一定会带来好结果？未必

美国南加州大学的心理学教授凯特·卢卡斯是反对安吉拉“坚毅”观念的业界名人之一。在她看来，过分坚持会给个人带来负面影响：那些执着于手头任务、冒着影响到整体表现、收入的风险也要坚持下去的人，很可能会因为过于雄心勃勃而事倍功半。

“让自己拥有坚韧不拔的品质的确非常重要，但有时候，你的努力就是产生不了积极的作用，或者说，当下的条件与资源无法让你获得成功。”凯特教授指出，根据大样本调查研究结果显示，那些坚持不懈的人的确容易比不坚持的人拥有更多的成功机会，但是，若他们可以小心而谨慎地决定到底应该在什么时候选择坚持，便能够将自己的潜力更大地发挥出来。

换句话来说，“你应该知道哪些时候自己需要重新评估，需要选择退出与放弃，而不是不顾条件、盲目地向前冲。”

警惕：某些情况下的坚持甚至会造成伤害

对于那些不计成本与后果，一味地坚信自己会战胜失败的行为，凯特教授将之称为“昂贵的坚持”。这样的坚持降低了效率，增加甚至是造成了新的负担。更重要的是，有些人会让自己陶醉在这种“永不言弃”的情感之中，并误以为，自己付出的越多，收获的便越多。在这种情感的影响下，眼前的失败与信念中的坚持形成了鲜明的对比，更形成了自我欺骗：他们在大脑中制造出自己并不平凡的假象，以证实自己未来一定可以实现梦想。

这也正是不恰当的坚毅所导致的另一个可怕结果：当我们对于自己的坚持深信不疑时，我们便会从脑海中搜索各种各样对它有利的证据，并且是倾向性有选择地回忆与搜索，此时，“确认偏见”便会产生：我们会以这些倾向性的信息来证明自己的信念或猜测，而忽视那些与自我想法相悖的信息。

最典型的例子便是“星座”：当你愿意相信星座运势会影响自己的人生走向时，你的大脑也会进一步筛选信息，去验证这些内容。——它并非一种故意的自我欺骗，可你依然在自我欺骗。

你可以通过以下几个方面，评估自己眼下的坚持是否有益：

☞ 经过一段时间的努力后，是否能看到有好结果出现的可能性？

☞ 你在努力地解决这一问题，可成败与否的影响因素却取决于他人？

☞ 因为你坚持这件事情，你是否对自己的感觉与评价变差了？

☞ 为了这件事情，你是否已经忽略了生活中的其他方面？

若客观评估与内心直觉都在告诉你，这件事情不值得你再继续坚持下去，那么，你便很可能是误用了自己的坚毅。

盘点：你是不懂放弃的那类人吗？

有一些人不懂得放弃的重要性，而一系列的心理学研究证实，具备以下特征的人更热爱坚持。他们从坚持里受益，但其误用坚持，甚至将自己困在错误的目标中的风险也大大增加。

◆ 责任心强的人，神经质性格明显的人

凯特教授研究了五大人格，将之与坚毅对照后，发现责任心与坚毅性格相关性最强，其次是神经质性。也就是说，自律性强、有责任心、易冲动、压抑的人更容易坚持，而随和、外向、开放者则容易放弃。

◆ 受教育水平更高的人

同年龄段的人中，受教育程度高的人更容易坚持。

◆ 优秀但并非最出色的人

凯特教授指出，从整体上来说，越懂得坚持，其学业成绩越优秀，但那些极少数成绩拔尖的学生，其坚持程度并不如成绩比他们略逊一筹的学生。原因在于，成绩拔尖的学生拥有较高的天赋，以至于他们并不需要太努力就能名列前茅，而天赋一般的学生则会以更多的坚持在学业上去追赶他们。

◆ 家庭环境中压力水平较高者

紧张的家庭教育会造就紧张的孩子。若父辈的压力水平较高的话，那下一代往往也会压力水平较高，同样的情况也会出现在那些早年在家庭生活中承受了过大压力的孩子身上，他们在日后的成长过程中拥有比同龄人更多的毅力与韧性。

掌握并运用放弃的技巧

既然坚持产生的作用具有两面性，我们就需要在避免其负面作用的前提下运用好这一品质。

凯特教授说，所有善于坚持的人都应意识到，真正的坚持是聚焦你所有的注意力与能量，去更好地把握你真正喜爱、力所能及的事情，放弃那些在你掌控范围以外的事情。

它并非一种被动的自我要求，更不是一种习惯，而是一种主动的选择：你可以把握节奏，并能决定什么时候开始、什么时候退出。因此，在决定以前，你应该进一步明确两点：

☞ 你所坚持的是什么？

☞ 它值得你付出多大的努力？

在逆境里坚持是一种可贵的意志品质，可现实生活中，逆境中的一些挑战是无法逾越且缺乏价值的，有些任务则不值得花费比计划更多的精力去完成——对于这些任务，一味地坚持便是得不偿失。

放弃并非失败。事实上，放弃是使人生的道路更加宽广的必备品质。人生就如同一场持久的考试，若你耗费了大量的精力，去爱根本不可能接受你的人，做自己永远无法发挥能力的工作，那么，你的人生就会变得事倍功半。

我们需要追求卓越，但无须事事苛求完美；我们应该运用坚持来帮助自己，而不是伤害自己。当你发现自己在一项活动中坚持得过久时，不妨暂时停下来问问自己：我为什么要这样？我到底在坚持什么？然后，你便能做出是继续坚持还是要放弃的选择。

5. 在“差距”面前，让改变更好实施

想象一下，下面故事的主角是你。

身为上班族的你正因为重复无趣工作而遭受倦怠与停滞感的侵袭，所以，你考虑给自己换一份工作。经过几个星期的寻找后，你发现了一份符合预期，可展现自我价值的工作机会。得到这一工作机会成了你近期最重要的目标，为此，你信心满满。

可问题接踵而至：眼下这份工作虽然忙碌，但它带来的收入也算丰厚。除此以外，还有忙不完的家庭琐事在困扰你，你甚至都没有时间来关注金融理财方面的信息。所以，你告诉自己：生活压力这么大，我哪里有空闲时间去更新履历，重新来一次新的选择呢？

此时，你想起自己很久之前就想学习一门外语了。这样一来，学习外语又占用了一大块时间——这些事情让你根本没有空余的时间去赶赴一场新工作的面试。

几个月后，你已经忘记了自己当初要换工作的想法，而是计划着，如果能学习一门外语，在忙碌的工作之余就可以看一些外语读物。你对自己说，这样实现自我成长其实更好。

不巧的是，你的这一美妙计划再一次被生活琐事打断：你的外语学习只持续了几天，对于你的外语学习梦想，你做得最多的，就是不断地买回一些英语学习类书籍，或者上网对比英语学习机构的价值。

然后，你又发现，自己的生活中缺少一些什么——你开始再次计划新的目标，想着接下来怎样去达成这些目标：一天一天，一个计划接一个计划。

半年以后，你发现，你的目标变来变去，又回到了换一份工作这一目标上来，只是，这些目标都只停留在了设想阶段。你从来没有为这些目标的实现真正地开始努力过。

制订了计划，却坚持不下去——你有没有想过，为什么别人可以换工作、早起、健身、学习、看书全不耽误，而自己每每想开始一项新计划时，却总是频繁夭折？

定下新目标之初，我们总是信心满满，此时，大脑的脑垂体会分泌出大量的激素，使我们感受到目标所带来的兴奋感。随着时间的推移，激素分泌开始减少。这时，一个兴趣是否能持久，靠的就是我们所说的意志力、决心等因素，对应的大脑控制区也从脑垂体转移到了额叶部位。

这也恰恰是“差异”产生的最大原因：当激素分泌量减少后，当人人都可以感受到的兴奋高涨的情绪体验过去以后，极少有人能够在平静甚至是单调期持续下去，并将一时的兴趣培养成专长。

那要如何才能更好地从兴奋期过渡到单调期？这就需要我们利用正确的方法来达成了。

将新计划的目标值定得足够低

心理学家通过实验发现，在培养新习惯、展开新计划时，只要我们可以将新计划的目标值定得足够低（比如，每天做两个俯卧撑，读三页书），我们就能够更容易地开始，更重要的是，能够更好地持续完成这件事情。

持续完成一件事非常重要：它决定了你的新习惯是否能够养成。事实上，不管你要养成的是行为习惯还是思维习惯，它们都需要“持续进行”。多伦多大学的心理学家本多·拉布登先生指出，养成一个新习惯、完成一个长期性的新目标之所以很难，是因为我们在接触到此类新任务时，身体与大脑对于这一任务带来的新变化感受到了威胁，它会自动自发地抵抗新变化，并会想竭力维持现状。

也恰恰是因为这种“习惯引力”，你的新习惯、新计划才会频繁地夭折——这是大脑与身体和个人意志力之间的对抗，但这种对抗并非不可战胜，方法就是持续地行动。

不同习惯类型，培养周期不同

正如之前所提及的：根据要完成的新目标的不同，需要的持续周期是不一样的，那些真正的成功者之所以能与普通人之间拉开距离，靠的就是他们出色的习惯养成。不过，坊间流行的那种“21天就能养成所有习惯”的说法在心理学上并不成立：不同的新习惯所需要的养成周期是不同的。

☞ 若你的新习惯是整理、阅读一类的行为习惯，那么，30天是较好的持续培养周期；

☞ 若你的新习惯是健身、早起等身体习惯，那它们需要90天的时间去养成；

☞ 若你想培养积极正面思考能力、创意思维能力等思维习惯，则需要长达6个月以上的持续时间才能养成。

你需要格外注意：上述习惯培养需要的是“持续时间”：这就意味着，若你的行为在中间有所中断，如培养读书习惯时，坚持25天，但中间又停止了3天，你将需要重新计时，再次从零培养起。

这就意味着，你需要每日坚持行动，也唯有每日坚持，才能将习惯的节奏渗透到身体内部，进而大大降低失败率。所以，想要坚持完成某件事情，改变自己与他人之间的差距，你首先需要明确，自己想培养的是什么样的习惯，然后再根据具体的分类，去选择不同的培养周期。

一次只锁定一个习惯或者计划

贪多嚼不烂，这一点在习惯培养或能力学习过程中格外重要。千万别企图同时培养多种习惯，即使你很迫切地想要让自己变得习惯早起、爱运动又爱看书写作，可当你同时培养多种习惯时，也意味着你在改变多种习惯——

此时，身心所承受的压力往往是巨大的。

这种压力往往来源于多倍的“习惯引力”，这非常糟糕，因为一旦习惯引力太大的话，个人意志力便会遭遇成倍的挑战，因此，我们应先挑战一个习惯或计划，待达成目标以后，再去挑战下一个。

将行动规则定得越简单越好

以学习英语为例，有些人为自己定下的学习目标是：每日背诵30个单词，听40分钟英语对话，上1小时在线网课。可这样的学习计划实施起来极具挑战性，因为越是复杂的事情，其失败的概率便会越高，简单的事情则更容易坚持。

所以，我们必须要将自己的行动变得简单易行：哪怕你一天只背诵3个单词，并将它坚持下来，也好过只实施了两天的复杂行动规则。你的目标可以是健身，但是，当你开始行动时，你应该选择的是“每天走路半小时”，而不是“每天跑步5公里”。

唯有当行动看起来足够小、不会给习惯现状的大脑与身体造成威胁时，我们才会愿意去持续地实施，而这种行动往往是有效的，因为执行的门槛很低，很容易便会触发我们去做。要知道，“0”与“1”之间的差别远远小于“100与1”。而且，只要行动开始了，便意味着你已经踏出了最困难的那一步，后面的行动便会顺利地进行了。

进行简单的记录

记录，在培养新习惯、形成新能力的过程中，发挥着巨大的功效，它可以消除“随意”的感受，让你真实地了解自己发生的改变。比如，你在培养运动习惯时，便可以每日简单地记录下大致的运动时间。

使用手机、笔记本或是其他的工具进行随手记录，只要它可以体现出你今日是否完成、完成的具体情况即可。不需要特意地去制作相应的表格来记录——过于复杂的记录只会使任务完成的难度增加，只要简单的记录就好。

当然，记录是为了将习惯持续下去，所以为了更好地监督反映，在培养习惯的前30天里，你应坚持每日记录，这花费不了你多少时间与精力。

此外，如果你真的想改变一项行为，你应牢牢地把握新习惯培养的前7天：心理学家们发现，前7天时间里，新习惯或新计划失败的概率高达42%。若在这7天时间里，我们能够将习惯的培养地基打牢，那么，在后期放弃的概率便会大大降低。

所以，现在，按上面提到的方法，开始你一直期望达成的目标或计划吧！你已经清楚地意识到，这是你与优秀者之间存在差距的关键点，现在只需要利用正确的方法将计划坚持下来，你就有机会变成更优秀的自己，而不需要只羡慕别人了。

6.运用心理对比，减少认知失调

你正在专心地按交通规则开车，却被一辆车子无理地超车了。此时，你开始想："对方一定有什么急事，所以才开得这么快。"

有了这个解释，你不快乐的情绪顿时得到了缓解。

这样的心理是否很好笑？被无理超车，还得为对方解释，否则，我们就会因为这件事情而沮丧。这种特殊的心理变化被社会心理学家们称为"认知失调"：你的行为与自己之前的对自己的认知产生了分歧，从一个认知推断出另一个对立的认知时，往往会产生不适感与负面的情绪，此时，认知失调便会发挥作用，帮助大脑调整想法，以此来减少不愉快的体验。

为了消除认知失调所带来的心理不适感，生活中几乎没有哪个事情是我们无法“摆平的”。

> 最好的例子就是戒烟：大部分抽烟的人都知道“抽烟有害健康”，并会在看到“抽烟会导致癌症”等宣传以后，激情满满地想要戒掉烟瘾。在真正戒烟的过程中，他们会感受到诸多不适，并有将近4/5的人会放弃戒烟。
>
> “戒烟很难”这一事实与“有害健康”产生了矛盾，于是，“吸烟可以提神”“吸烟并不会导致癌症”等想法便会在戒烟者的头脑中出现，对其认知进行协调。

认知失调所反映的，是未来的幻想在你想要改变生活现状时会产生消极影响。

美国心理学家厄廷根·加布里埃尔曾率领团队做过一系列有关幻想的心理学实验。下面要说的是其中一项实验，除了研究“幻想”这一变量以外，他们还加入了“认清现实”这一研究变量。

研究中，研究人员将136名实验对象划分为三组，让每一组成员在解决问题时以下列三种思考方式中的一种来进行思考。在本实验中，所有实验对象需要考虑、解决的问题都是有关于人际关系的。

三组具体划分如下：

☞ 积极组，即对问题的解决仅从积极的方面来设想；

☞ 消极组，即解决问题时只考虑现实的困难；

☞ 对比考虑组，即先对解决问题进行积极的设想，然后再从现实出发，去考虑现实的困难。这组实验对象者被要求“认清现实”——同时考虑解决问题所面临的积极方面与消极方面，而不是对现实抱着不切实际的幻想。

此外，这个实验中最关键的一点是，研究人员控制了实验参与者们对达成目标的具体期望。

在实际结果中，研究人员经过比较发现，那些能够进行对比考虑的实验对象在计划的制订和执行上，比其他两组更有效率。不过，这有一个基本前提，即达成目标的愿望要十分强烈。同时，研究人员还发现，当分配到对比考虑组的实验对象对解决人际关系问题的愿望低时，他们会更少制订计划，并最终履行计划、达成目标。

通过观察第一组实验对象，研究人员发现，同样的事情也会发生在情绪上。而在第三个实验组里，那些进行了比较考虑的人，在达成目标愿望较高的前提下，在情绪上更倾向于达成目标；而当达成目标的愿望较低时，他们对目标的实现并没有情绪上的动机，而在实验中，另外两组实验参与者则没有情绪上的变化。

实验表明，在心理上进行对照比较考虑的那些参与者，比另外两组（只要求从积极方面或消极方面考虑问题）更容易为了实现目标而付出实际的行动，而且，这些实验也再一次证实了，唯有高成功愿望的参与，才能使目标达成。

为什么对比考虑会这样难?

心理学家与成功人士总是号召人们去“认清现实”，可真正做到这一点的人并不多。认清现实说起来容易，但诸多的实践与研究结果都证实，我们常常会低估了它的难度。

认清现实可以分为三步：

第一步，对未来抱有积极的想象；

第二步，考虑现实的难度；

第三步，仔细地区分想象与现实的差别——这也是最为关键的步骤。

在一项研究中发现，若人们不能将想象与现实进行对比的话，是不能从根本上认清现实的。

我们厌恶内心冲突所带来的矛盾感觉，相应地，我们会采取各种各样的措施以避免这种感觉的发生。这可以很好地解释，为什么我们在亲身体会想象与现实之间的差别以后，会想要通过各种方式来扭转这种落差。

当一个个人的想法与实际行动无法达成一致时，他的心里便会产生不适、不愉快的情绪，并引发我们在之前所提到的“认知失调”。

由于想象与现实之间是有差距的，所以，我们总是很自然地将两者分开考虑。想象可以是美好的，但当我们回到现实时，若想实现一个目标，很可能需要做诸多的准备，而且，更让人难以接受的是，在努力过后，有时候我们还不得不去面对目标最终无法实现的结果。

认清现实之所以很难，还有另一个原因：人们往往很难从一种情绪中迅速地走出来。比如，在感到快乐时，人们很难从积极情绪之中转移出来，转而考虑事情存在的消极面。因为快乐的事情可以让我们的内心获得舒适感，所以，我们愿意一直去想象快乐的事情。而一旦我们有了消极的想法，也往往很难从这种消极的想法中抽身，去考虑事情本身所具有的积极面。

进行理智的选择

其实，正确地认清现实的步骤就是强迫个人做出决定的具体过程。一般来说，大部分人都不喜欢做出决定：我们更乐于待在对未来的幻想中，因为这样我们便不需要考虑失败的可能，更不需要考虑失败以后该怎么办。

心理对比方法的存在提醒我们在制定目标的时候，最好问一下自己，这一目标是否是我真的想要追求的？当你决定减肥时，你是真的想要瘦下来吗？还是一时兴起？当你想戒烟时，你确定自己要远离抽烟带来的放松吗？

若得到的答案是否定的，那么，我们便能转移注意力，考虑其他的目标。若我们确定了这一目标，而且渴望实现它，那么，我们就会在思想与行为上保持一致，专注于目标并付诸行动。

你可以在做出选择的时候，想象一下：选择了错误的目标，并因无法达成目标而产生后悔感。不管是从认知还是从情绪上来说，决定做一件事情本身就是有风险的，所以，你不需要纠结于一个并不明确的目标。如果你想要全力以赴地实现一个目标，那么，你就没有更多的时间去花费在完成另一个目标上。

更重要的是，若不能全力以赴地去实现目标，最终你可能什么都得不到。运用心理对比方法的关键就在于，帮助你在诸多的选择面前确定自己的心意，并做出选择——你愿意为之全力以赴的选择，这是实现个人目标的第一步，同时也是将“不可能”的事情转变为“可能”的关键一步。

7.打破一成不变，让改变发生

早在30多年前，管理学专家彼得·德鲁克便已经说得很清楚了：“一家企业只有两个基本的职能：创新与营销。”对企业经营而言，这两者的重要性自然是不言而喻的，是我们必须要学习的重要内容。那些能够开展创新，并通过创新带动营销的人才，往往是最受企业欢迎的。遗憾的是，由于思维模式固化，很多人虽然优秀，却并不能做到创新。

如果你受一家癌症防治机构的邀请，为他们设计一个广告。你会怎么做？

普林斯顿大学的学生埃拉·伊丽莎白便接到了这样一项任务。

在20世纪80年代时，广告界的人们普遍习惯从正面去思考如何让人们戒烟。比如，宣传戒烟的各种好处，宣称戒烟可以对健康做出多大的贡献等。但伊丽莎白选择了逆向而行。当时，她通过调查发现，人们心目中的“光头影帝”尤尔·伯连纳不幸罹患肺癌，而让其得上这一可怕疾病的最直接原因，就是他有长期吸烟的习惯。

同时，伊丽莎白还发现，在1985年1月，尤尔·伯连纳在接受《早安美国》这一早间新闻节目的访谈时，表达了自己创作禁烟广告的愿望。于是，她迅速地与伯连纳的经纪人取得了联系，并在得到经纪人许可后，与伯连纳本人进行了面对面的探讨。

随后，一段由抽烟的受害者所表演的广告迅速拍好。在1985年10月10日，伯连纳去世，享年70岁。根据他的遗愿，他死后，这则广告立即播出。广告中的伯连纳双眼直视屏幕前的每一位观众：“我将不久于人世，我吸烟太多，吸烟会导致癌症，请不要吸烟。”——广告里，伯连纳蜡黄的脸色、低沉的语调令人伤感，更令人恐惧，使得这则广告获得了极佳的宣传效果。

得益于广告的成功，其制作者埃拉·伊丽莎白也一跃成为当时广告界的新星。

利用正面的情感来宣传其好处固然可行，但是，若你想要脱颖而出，便需要更谨慎地对待这一现实问题：在人人都已经习惯甚至厌倦了各种途径的“正能量”以后，你有把握使受众再次被打动吗？如果你没有把握的话，那么，你自然需要如同伊丽莎白一样，重新设计自己的思路。

在思维固化的时候，我们要如何打破思维的壁垒，开拓出新的创新领域？从培养自我成长型思维模式开始，是一个不错的选择。

积极一些，培养成长型思维模式

近年来，在心理学上最有趣的发现之一就是，我们通常赞扬孩子的方式不仅得不到预期的效果，在多数情况下还会产生适得其反的效果。这主要与我们的思维模式有关，我们在赞扬孩子这一行为上通常会表现出两种截然不同的思维方式：

◆ 固定式思维：认为特性是一成不变的

当你告诉孩子“你真聪明”时，你其实是在无意地鼓励着一种固定的思维模式，即“聪明”是这个孩子的固有特点。

◆ 成长型思维：认为特性还有成长的空间

当你在教育孩子时说：“你真努力！再接再厉直到将那道数学作业做对！”那么，你其实是在培养孩子的成长型思维，教育孩子坚持下去，将难题解决，便会有所进步与成长。

而固定式思维的问题就在于，一旦事情变得困难起来，那些想要努力去表现，从而获得表扬的孩子便会变得很不安：“这世界上还有我不知道答案的问题，原来我并不聪明。”而这样的想法明显会导致他们在困难面前望而却步，放弃挑战自我的尝试。

相比之下，成长型思维的孩子却会在面对挑战时更积极、更主动：“现在这道题目比较难，我要更努力地寻找一些资料，直到将它解决。”

很显然，成长型思维在教育领域中对人的认知与成长发挥着积极作用，而在个人心智的提升过程中，它也同样重要无比。

善于学习他人经验

一般人从自己的经历中积累经验，优秀的人却善于从他人的经验中学习：不管是在创新领域还是在其他领域中，只要你能够真正地了解那些优秀的人正在做哪些事情、采取哪些行动，并追随他们，效仿他们，你便有可能变得和他们一样优秀。

想要变得优秀，就须与优秀的人在一起。近朱者赤，在优秀的人中间，以他们为榜样，借鉴他们的方法来采取行动，你便一定能够达成自己想要的结果。

向优秀的人学习时，你不仅能看到他们是如何快速地激发自我潜能的，同时也可以借由他们的成功经验，以及他们过去数年乃至数十年积累的智慧，帮助自己少犯错误，减少摸索时间，从而快速地达成目标。

Chapter 5

依据SMART原则，让你的思维飞起来

得益于近年来目标管理学思想的日渐普及，SMART原则已不再是阳春白雪。不过，你是否只将它运用在制定工作目标上？如果是这样的话，那就未免有些大材小用了——事实上，SMART原则还可以作为一种启发思维的方法，用来启发你的奇思妙想。

1.方向感！方向感！方向感！

将“不可能”变成“可能”最关键的一点在于，你要持有自己的方向感。这也是“异想天开”SMART原则中的首要原则：Sense of Direction，即“持有方向感”。但很多人并不知道，如何才能判断自己眼下坚持的方向是否正确——找到正确的方向，是让方向感建立起来的最重要的步骤。

在建立方向感的过程中，“洞察”被视为关键能力之一：它就如同《星球大战》中的“原力”一样，神秘且能带来无穷能量，是一切创意之源。最好的洞察能够激发无数个创意，成为无数行动的理由，并令一切成为可能，这也正是我们坚持并竭力发掘优秀洞察的重要原因。

也只有拥有了洞察，发现了事物之间隐含的、更深层次的逻辑与关联后，在建立方向感的过程中才会更有导向性：认清问题，看清局面，是找到前进方向的关键所在。这就如同营销一样，哪怕是最优秀的公司，也需要在展开营销以前先仔细地观察：产品要卖给谁？要怎样卖？为什么卖？这些都需要在营销以前便了解透彻，而只要找到这些问题的答案，产品的未来也将进一步明确。

随着我们的时代对创意、改革的要求越来越苛刻，那些追求改变与卓越的人们也越来越重视对市场的洞察，希望可以研究透彻，再后发制人——各种数据库便是因此而生。

美国第三大零售商塔吉特通过女性顾客的购买记录，推测出哪些是孕妇——数据人员观察到，那些怀孕四个月左右的女性会大量购买无香味的乳液，并由此发掘出25项与“怀孕”高度相关的产品，制作出“怀孕预测”指数。他们推算出预产期后，便抢先一步，将孕妇装、婴儿床、婴儿用品等折扣券寄给这些女性顾客，从而最大限度上留住孕期顾客，并提升相关产品的销量。

著名连锁便利店7-11更是将“洞察”的本分发展到“看天吃饭”：他们系统地收集每日的气象报告，用以解释便当、蔬菜等鲜食占据销售的比重；店内人员则随时根据室外温度，对店内空调温度进行调节，甚至会依此对店内背景音乐与问候语进行调节——这样周到的服务，自然会让消费者感觉贴心，并进而因感动而消费。

洞察所带来的出色观察决定了创意发想的方向，决定了个人或企业能够在什么方向上发力。不过，企业依据于日常销售、调研积累起来的数据库来建立自己的洞察，对于普通人来说，培养洞察力又需要建立在哪些基础上呢？我们又要如何利用洞察来找到自己的方向呢？

洞察其实是对观察的思考与提升

观察与洞察不同，观察的目的是洞察问题：这个时代充满了机会，观察更是时时刻刻都在发生。但并非所有的观察都能带来结果。用心观察，深入思考，才能观察入微直至洞察，才能上升成为一种消费者体验，并形成驱动力，带来市场与前景。

维珍航空的CEO理查德·布兰森，因为亲自体验了极其糟糕的航空旅行，洞察到糟糕的航空服务带给人们的是恶劣的旅行体验，人们宁愿多花点钱来改善这种体验，从而创立了以服务和创新闻名的维珍航空。

不过，当洞察揭开了神秘的面纱以后，你很可能会对洞察的“真容”产生失落感，甚至会痛苦地发现，很多经历了无数苦思冥想后得出来的洞察，一旦介绍给别人时，就如同说出“地球是圆的”一样，正确又普通，毫无新意可言。

举例来说，如果有人告诉你他洞察到这样一个现象：“同样作为快餐，但比萨跟汉堡和薯条不同，它是一群人欢聚时的食物，它应该更强调多人的分享。”你会如何评价这个洞察？很神奇，很激动，很正确还是很平常？但当你知道发现这个洞察的餐饮企业叫作“必胜客”，而且它从1987年就开始在市场营销中坚持使用这个洞察了，你又会怎么想？

这就是洞察的真相：大多数洞察实际上听起来并没有那么让人兴奋，也远不如“创意表现”那样引人注目，但只要它正确，并能给创意指引方向，那么它就可以被称作“洞察”，它就是有价值的。

依据洞察，找到自己可以前进的方向

一旦认同洞察的价值，你就会发现洞察的作用绝不只限于为广告创意提供清晰的方向，或是帮营销策略做更好的梳理和推导。

一个好的洞察，可以发现用户的真实需求，开发出更好的产品组合（啤酒与纸尿裤经典组合）；可以找到更有效的沟通方式，确保信息更精准的传达（基于大数据的个性化推荐）；可以规划全新的解决方案，引领行业变革（共享经济）。

实际上，洞察已经存在于商业生活的方方面面，源源不断地为你提供新的视角和机会。

洞察从哪来？

既然洞察对创意的产生如此重要，那么如何保证它总能在你需要的时候出现呢？客观来说，一个好洞察是需要运气的，但也并非毫无办法。

洞察的内涵，其实并不仅局限于“看”。从“听”到“感觉”，它是一种开放各种感官去“阅读”周遭环境与人的能力。想要培养这种能力，你可以从三个方面入手。

◆ 扩大生活体验

尽可能地造访新地方、尝试新事物、收集新信息，以亲身经验来探究世界。苹果公司前任CEO乔布斯不仅禅修打坐，更在印度的修道院生活过，在里德学院休学后，还去旁听学校的书法课……这些体验都在日后为他在苹果公司的产品创新提供了帮助。

◆ 与不同的人交流，获得更多想法

你不应受限于自己的专业领域，而是应尽可能多地与不同背景、不同观点的人交流，他们往往可以向你提供更全面的思考。

◆ 暂停下来，反复提出疑问

具有洞察力的人往往可以从周遭事物中看到其他人没有看见的事物，并且质疑现状、探究疑问。例如，乔布斯思考：“计算机一定要安装风扇吗？”而你则可以使用“若我尝试这样做，会怎样”的方法，触发新的洞察、联结、可能性与方向，进而使用不同方法促使它们变成改变甚至颠覆现状的点子。

当你能够利用洞察的过程，培养起自己的洞察力，你在尝试着改变时，便有更多的方向可以去选择，同时也可以找到更多的线索去实施自己的创意。

2.需求在哪，便向哪里进发

乔布斯曾说：“搞清楚自己想要什么，这不是顾客要做的工作。”这句话完全可以成为你改善思维、发想创意的起点：不管你的工作是公司的内部运营与维护，还是给核心部门提供服务或支持，抑或是直接面向市场的营销或设计，你都应该明白：你有自己的顾客，他们可能是采购商、用户或同事、上司。

想要充分说明思维灵感的迸发始于定位，现在仅从顾客的角度出发已经难以全面分析。50多年前，彼得·德鲁克说过：“顾客极少购买企业想要推销给他们的东西，一个显而易见的原因是，没有人愿意为‘产品’埋单，但他们却愿意为快乐付费。”

从企业角度来说，大多数企业都认为自己销售的是产品或服务，但在实际中，人们是用那些产品或服务去帮助自己更好地完成工作、更好地生活。而这也恰恰是营销专家特德·莱维特曾经形象而幽默地向自己的学生们所言的：“人们需要的是钻出的孔，而不是钻头。”问题的关键在于，人们会四处寻求各种解决方案，最后选择可以帮助其更好地生活或工作的那个。

对于发现自己“钻出的孔”，努力搜寻很重要，尽管不一定有效。哈佛商学院的教授们经过联合调研，并结合他们在各自领域多年的工作经验表明：通过以下细节行动，将有助于预测顾客的需求。

融入顾客环境

2000年，A.G.雷富礼正式上任宝洁公司CEO。不过，他很快发现了自己肩上的担子很重：这是一家已经迷失了方向的公司。当年3月份，公司被警告可能达不到预期收益，同时，公司股票暴跌50%。雷富礼希望找到一个简单的办法来重新唤醒公司的创新活力。最终，他得出的结论是，宝洁需要从根本上进行自我调整。该公司曾利用对消费者需求的深度理解去驱动决策，并因此而闻名，但雷富礼在调查后发现，公司现在的经营早已背离此道。

雷富礼擅长将复杂思绪简化，所以他为宝洁重新制定出了一个简洁的口号：顾客就是老板（顾客至上），然后对公司员工宣布："各位同人，现在，我们来认识一下大家的新老板——你们或许以为，那个人是我。不对！你们也可能认为是董事会的董事、公司的股东或是自己的顶头上司是自己的老板，都不对！我们的老板只有一个，那就是顾客！顾客就是我们的老板！"

雷富礼敦促大家以全新的角度去认识自己的老板，他期望使每一位宝洁的员工都意识到，宝洁需要倾听顾客的声音，更需要从中梳理出顾客想要表达但无从表达的诉求。为了达到这一目的，雷富礼努力在宝洁塑造一种文化：从董事长以下，每位宝洁员工都需要花费一定的时间与顾客一起生活、一起购物、一起工作。他自己也身体力行，亲自花时间去做市场调研。

比如，在雷富礼负责汰渍洗衣粉相关工作期间，宝洁会对产品与包装的质量进行定期评估，当时，汰渍洗衣粉的包装是硬纸盒，顾客也表示乐于接受这种包装。但雷富礼在与顾客直接交流后发现，她们在打开汰渍包装盒时总需要借助于剪刀一类的工具。于是，他意识到，主妇们不想在打开硬纸盒包装时冒险损坏自己的指甲。而她们之所以接受这种包装，是因为没有另外的替代性选择。

在发现这一潜在问题后，雷富礼立即请人对汰渍洗衣粉包装进行了改进：他们在硬纸盒上加上了容易撕开的虚线，从而使打开包装变得容易起来——做出这一改动后，汰渍洗衣粉的销量有了显著的增加。

宝洁很多其他产品的灵感也源自类似的细心观察。比如，研发人员注意到，女性在看到咖啡洒在地毯、衣服上时会变得沮丧，因而建立起了速易洁快速清洁产品线。

顾客往往不会直接讲出自己的需求，有时甚至会声称对现有的产品或服务已经很满意了。用心调研市场，深入地了解你的顾客所在的环境、所经历的事情，你对顾客的了解程度将远远超过他们对自己的了解。

如何开始这种了解与调研？你可以花费三个月甚至是更久的时间去研究你的服务对象，找到的方法将会令你事半功倍。

学会灵活地变通

仔细研究现有顾客及潜在顾客，可以发现当前执行方案里的不足之处，同时，这种深入的研究行为将对发掘新思路与改善方法有极大的促进作用。

以牛仔裤的市场改革为例。市场调研表明，“购买牛仔裤”是女性继“购买泳衣”后第二害怕的购物体验。在2009年，生产出Wrangler与Lee两大品牌牛仔裤的威富公司花费了很多的时间去与顾客进行直接接触，其目的是要搞清楚，到底是什么原因让她们产生了这种巨大的挫折感。

> 营销人员在到各地零售店与顾客们进行实地接触以后的确有了新发现：女性总是会将多条牛仔裤带到试衣间里去，但是，她们拿去的尺码其实都不太一样。
>
> 产生这种现象的原因在之前一直被认为是这些顾客最近可能刚经历了一次体重变化，所以不确定尺码。但经过询问却发现，女性们之所以如此关注尺码的不同，并不仅仅是为了选出更能够凸显身材的牛仔裤，更是为了保护私处健康与舒适——拿来多条牛仔裤，是为了找到最佳选项。
>
> 这一调查结果促使威富公司将设计和宣传的重点由牛仔裤的裤型、面料转向了尺码：他们更换了牛仔裤的尺码标签，同时还将零售店的产品陈列以腰部高度、裆部深度进行了重新设计。

在做出这样的调整以后，2011年，威富公司发布的年度财报表中显示，他们当年牛仔裤业务的收入增加了1亿美元。

其实，不管是创新还是因循原有做法，发现需求并满足顾客的需求的关键并不在于一定要对现有产品或服务进行彻底的变革，而是要学会去灵活变通——通过小幅度的调整，寻求到解决问题的最好办法。

当然，如果你无法确定自己到底要修正哪一方面的问题，你可以与同事一起进行头脑风暴，来集中力量去解决顾客真正关注的问题。

3.联想越多，机会越多

什么使你与其他力求摆脱平庸者与众不同？

答案绝对不是“更努力”或者“更有天赋”。“就改变力一项而言，后天养成远胜过先天的禀赋。也就是说，能够让你从平庸生活中跳出来的那些才能，约有三分之二是通过学习取得的。”美国心理学家克雷顿·克里斯汀指出。

那些能够从平凡大众中脱颖而出的人依赖的是一种可以称之为“联想思考”的认知技巧——这也是SMART原则中的Associational Think原则。克雷顿指出，这种认知技巧帮助个人，将看似无关的疑问、点子联系起来，进而发现新的方向，使自己从平庸之中跳出来。

不过，联想的力量虽然无穷，可我们要怎样做才能运用它？虽然因联想而产生的创意、灵感迸发对许多人来说无心插柳，但只要掌握以下联想技巧，你便能够让思维更加活跃。

从反常中进行联想

我们生活在一个被数据所包围的世界里，许多企业、个人潜心钻研各类数据，探寻具有可行性的创意。不过，通常人们只关心中间数或者平均值，继而推导出寻常的符合大众观念的结论，可是，有时候，真正的机会却来自那些不同寻常的研究结果。

全球电子商务中存在着诸多的反常情况，你是否对其进行过联想？人们可能会认为，在拥有900万网络用户的俄罗斯，电子商务市场理应获得蓬勃的发展。可是，这个国家的电子商务仅占据了国家零售总额的3.6%而已。

为什么会产生这样的现象？创业者尼尔斯·通森通过对现实中的消费情况进行调查发现，俄罗斯的邮政系统极不可靠，而且极少有人拥有信用卡。既然没有信用卡阻滞了网络消费，那么，可不可以在网络销售过程中为顾客提供现金支付的服务呢？

尼尔斯由此创建了一个名为Lamoda的服装零售网站，并雇用了一大批快递人员负责送货上门，他们不仅负责当面收取货款，还会为顾客提供时尚方面的建议。Lamoda将商店、收款台、时尚顾问整合到网络销售中，并将这一充满了创意的体验直接送到消费者的家门口，成功地建立起一个适合俄罗斯市场的电子商务模式。

将不同的内容进行聚合，并展开想象

几股趋势交汇后，若能融会贯通地进行想象，那么，它们之间的交点便会成为你孕育灵感的沃土。

最好的例子就是移动通信的增长、社交网络的普及，它们所带来的一个影响是人们的注意力越来越分散，并因此而催生出一系列社交媒体应用。

Snapchat（阅后即焚）创始人埃文·斯皮格尔便是看准了社交媒体的两大特殊趋势：第一是人们强烈地渴望将自己的日常生活记录下来分享给别人，第二是人们日益关注个人隐私，而利用Snapchat，用户既可以随时随地地展示自我，又不需要担心自己的隐私会外泄。

从自己的挫折中展开联想

你是否遇到过不如意？你是否曾经从这些不如意中进行联想，设想出一种可以完美解决不如意的办法或场景？

20世纪90年代末，马克·瓦东当时是一位年轻的咨询师。他想要与女友步入婚姻的殿堂，于是便去选购一枚订婚戒指。可是，整个购物过程却让他心烦意乱：钻石分类与估价体系是如此复杂，而那些钻戒销售人员又过分热情。

马克立即联想到，其他男性很可能有与此相似的困扰。这一灵感令他萌生了创立Blue Nile的念头。这家珠宝网络零售商于1999年正式成立，它向消费者们提供简单实用的珠宝选购教程以及珠宝的相关信息。如今，它已成为全球最大的钻石和高端珠宝网络零售商，每年它都会售出高达2.5亿美元的订婚戒指。

立足传统观念进行联想

若你所在的团队、组织甚至是整个行业，有些事情处于一成不变的状态，那么，你就有必要去思考一下了：它真的必须要这个样子吗？是不是存在其他更优的备选方案？

一味因循传统往往会使改革的动力被抑制，因为人们不舍得抛弃那些行之有效的老方法。但是，一旦外界条件改变时，这些传统其实都是转变的契机。

出去走一走

当业务停滞不前时，那些出色的工作者有时候会选择走出自己的办公室，探访自己的利益相关者。这些人可能是你手下的员工，或是专注于提升个人与公司业绩的同事，更有可能是购买你的产品与服务的消费者。

造访那些与自己的工作环境、生活环境截然不同的地方十分必要，因为自己所接触的事物越是丰富、越是广泛，你所产生的联想便会越丰富。相反，如果你一直坐在办公桌前，你很难了解其他人的所思所想。

展开类比，并从中找到创新的契机

一些团队、业务部门或者公司、行业已经采纳了新的创意或者新的系统，不过，这些创新只存在于特定领域，其他领域还未引用过。此时，你便可以联想一下：如果将这些创新引到自己所从事的领域，会产生怎样的效果？

格雷格·莱布瑞希特毕业于麻省理工学院工程系，也是一位品鉴红酒的行家。每一次，他费力拔开酒瓶塞，却无法在一晚上将整瓶酒喝光时，只能眼睁睁地看着剩下的酒氧化变质——这令他极度沮丧。

如果能在完好保存一瓶酒的同时，只取出一杯来喝，这不是非常美妙吗？他想到外科大夫会在手术中使用超细针管来降低对病人身体的破坏性，于是他联想到，类似的针管能否用于瓶中取酒？在接下来的十多年间，他一直尝试并不断地完善这一想法。虽然过程挫折不断，但在其产品Coravin取酒器最终上市后，获得了广泛的好评。

因此，想要实现广泛的联想，就必须要向不同行业和领域取经，借助于联想力，从中寻找到那些可以移植到本领域的相似点。毕竟，让思维飞跃并不一定非要创造一个新事物、一种新方法出来，有时候，利用联想，将原本的旧东西再创造、再升级，也是一种出色的能力。

4.杀出重围，找出革新的方法

美国哈佛大学的心理学教授克雷斯丁·瑞斯曼对组织内创新进行过多年的研究。在他看来，企业的成功经验以及其所形成的核心能力，恰恰会成为不断创新的最大障碍。“一个组织内的规章制度、企业文化、激励机制等，都会成为内部员工在创新过程中需要跨越的障碍。”他指出，最大的难题在于，很多大公司因为担心创新会带来风险，而要求员工自证其想法。“要知道，当创意还在设想阶段时，除非专门花心思去研究，否则，创意者是难以自证的。”

克雷斯丁·瑞斯曼所说的情况在纪录片《史蒂夫·乔布斯：遗失的采访》中也曾经提到过。在这部纪录片中，乔布斯解释说，那些已经占据了市场垄断地位的公司，本质上是靠营销和销售人员来运营的。它们的成功不再依赖于具有颠覆性意义的创新，而是依赖具有成本效益的营销和销售策略。可恰恰就是这些公司往往忘记了如何才能开发、引进并鼓励那些具有突破性的新技术、新想法。因此，一旦有强有力的竞争对手出现，它们的失败便不可避免。

那些真正有创意思维能力的人往往也不愿意去这类企业工作：他们在该类组织内的创新往往会受到重重阻碍，而组织内只专注基于现有技术的增量创新，也使他们的创意被大大局限。

在当今这个微利时代的背景下，竞争早已从成本、速度转变成了创新、改革能力的高低——不愿意创新的企业自然在未来会落于他人之后。不过，我们并不是要探讨如何促进组织创新：我们关注的是，若你身在这类企业中，要如何让自己克服阻碍实现创新？此时，SMART原则中的Revolutionary Process（找出革新的方法）便显得尤其重要。

加拿大多伦多大学罗特曼商学院院长罗杰·马丁指出，在未来不管是职业还是商场竞争，其关键因素早已发生改变："比别人更好并不够，你必须要与众不同。"怎样才能与众不同？答案就在于你的思维力：看到别人没有看到的东西，从中想到别人没有想到的问题，发现别人所未发现的可能性——这恰恰是创意思维的核心能力。

这些人常常只是察觉出某一特殊的现象，心中产生了疑问，于是便开始运用联想力，将不同的事物联系在一起，或者只是单纯地将它们重新组合，以此来构建可能出现的情况。从中设计出一个大概的构架，并立即实施。

过去，不管是个人还是企业发展，强调的都是持续的改善：只要你做得比别人好，就可以赚到钱，但归根究底，你做的与别人做的是同一件事情。你做得好，一定还会有其他人做得比你更好，这样一来，你就陷入了无止境的竞争之中。罗杰先生指出，未来所有的组织都应转型为设计工作室，每一位工作者都应让自己成为自我职业的设计师，从工作模式、流程以及思考方式上进行联想，进而做出改变。

在培养自我设计思维的过程中，个人应从工作模式开始，转变思维方法。

工作模式：从"固定的工作"转向专案模式

了解设计的人都知道，设计工作室的工作模式是以专案的方式进行的，人力组织也是依据专案需要而进行配置的，而他们的工作内容也是一样：根本不存在所谓的固定的或是一成不变的工作内容，每一个人都是在不同的专案之间进行转换。

专案模式最大的特点就是它的变动性：依据每个专案的不同需要，每一次的人力组合也有所不同，没有人的工作是固定的，自然也不会陷入固定的思考模式或是习惯。另外，与不同的人合作也可以相互刺激彼此的想法。

工作流程：从"想好再做"到"边做边学"

多数企业在遇到难题时，习惯先搜集大量的资料或数据，然后再以各类理论模型去进行分析，最后找出最佳的解决方案，然后再开始执行。事实上，这样的做法往往需要很长的论证周期，效率低下且也不能做到尽善尽美。

相比之下，设计师的工作流程更显流畅：他们不是等到一切都准备妥当了才去工作，而是从实践中改进原来的不足。"你不可能在事前便想到所有的事情，只有做了才会知道。"全球知名设计公司艾迪欧的董事长大卫·凯利强调说，"与其在纸上谈兵，远不如马上行动，因为光想并不能解决问题。"

思考模式：从"证明可行"到尝试任何可能

这一点在组织内部尤其明显，许多组织都在不断地强调创新的重要性，但其实际做法却是在压制创新。当有人提出新的想法时，马上会被反问："你要证明这是切实可行的。""你要证明事情的确如你所说。"

"你要证明……"成了创新的首要阻碍，可事实上，大部分的奇思妙想在设想阶段都是未经验证的。这种“你要证明”的要求也显示出，传统的企业与个人思维只鼓励、遵循两种思考逻辑：

☞ 归纳法，证明某件事情的确可行。

☞ 演绎法，证明某件事情必须是如此。

相比之下，设计师思维却会结合上述两种逻辑，形成新的模式：

☞ 假设性思考：假设某件事情可能会是什么样子的，并尝试着去做做看。

“设计师们可能并不能证明这件事情一定会是A或是B，但他们可以解释出，为什么这件事情可能会是A。”罗杰先生指出，过去企业总是受外在的限制而不敢放手去做，而此类限制往往以“除非我们有足够的预算才能尝试”为代表，但是，如果这件事情真的很重要，一定要去做，问题就不在于没有预算，而是要想办法去争取预算。

因此，不管是企业还是个人，在发散思维的过程中，都不应要求“证明这是可行的”，而是要鼓励：鼓励所有人或自己，只要有一丝可能性，就应该大胆地尝试，至于过程中发生的问题，只需要想办法解决即可——这也正是为什么设计师行业是创意涌现最多的行业：对他们来说，没有什么事情是不可能的。

进化模式：从“依据清单”到“创建清单”

有些人倾向于认为清单对于扩展思维有很大的限制，但只是部分事实。只将清单的用处局限于在特定的时间需要做的事的确会限制个人思维的发展，但优秀的清单制定者是不可能只将清单限于简单的任务管理的。

设计师们会使用清单作为自己的心理路线图，并依此来检测自己的所有想法。爱迪生、约翰·列侬、达·芬奇是历史上使用定制清单作为创意工具的几位代表。设计师同样会制作概念清单来快速地写出自己的想法。事实上，当新项目来临时，将自己创意性的想法全部写好、摆在眼前，其实是最能激发灵感的一件事情了。

这就是你需要做的：将你的想法写下来，不需要修改，也不要有太多顾虑，更不要想哪些事情是根本不可能完成的——仅仅是写下自己的想法，并将之列成清单。

当你完成了一份清单以后，仔细地端详一下它，以创造性的想法去思考：什么会阻止你落实清单上面的事项？谨记你创造的现实，使用创造性的思维思考，你将会找到运用设计师思维工作时遇到的问题的解决方案。如此一来，你的利益相关者也会信任你。

可以看到，想要在阻碍重重的现实生活中找到杀出重围的好办法，掌握并运用好设计师思维是一个极佳的途径。对于未曾尝过此类思维的人来说，或许新的思维方式会存在一些障碍，但它所带来的思维扩展与飞跃将会让你意识到，为跨越障碍而经历的不适是值得的。

5.尝试，直到可行为止

当你的创意已经有了眉目时，你要如何将它落实，或者说，你如何判断它有落实与否的可能？此时，“尝试，直到可行为止”便成了你下一阶段的主要任务。

为了解决旅游业一个长期存在的问题，格林·博科卫恩推出了他的全新主打品牌Chairish。格林·博科卫恩是旅行折扣网站Hotwire与行程管理平台TripIt的联合创始人之一，而促进他踏上全新征程的最大原因，是他在搬家之中体会到的痛苦。

“我们曾经搬过好几次家，”博科卫恩直言，“每一次都会发现，有些家具其实并不适合新房子，这简直快让我们发疯了！要知道，我与妻子当时花费了很长时间才选中了这些家具，我们不断地比较颜色、搭配合适的小摆件，可是，搬家的时候，我们却不得不扔掉它们，或者直接将它们出售掉。”

因此，博科卫恩设计并推出了Chairish，这是一个专门出售高档古董家具与家装用品的线上商店。这个从亲身经历中诞生出来的点子，使其设想很快获得了成功。网站正式运营的第一天，他们没有做任何推广，就卖出了一些商品，虽然销售额很小，但他依然非常兴奋：“这证明我的方向是对的。”

Chairish的开门红让博科卫恩坚信，品牌与网站的未来前景一片光明，虽然他们根本就没有做过任何的市场调查。“想要发掘并运作一项业务拥有很多种方式，”博科卫恩说，“当你从消费者那里赚来的钱都用于挖掘客户所费成本的时候，大部分的投资者都会愿意与你合作。不过，其中最难的地方在于，在利润滚滚而来以前，你要如何证明，自己的确找准了方向。”

美国创意心理学专家哈里斯·福威与一些经验丰富的创业者进行了深入的交流，并总结出他们在发散思维的过程中，是如何尝试与判断自己的某一想法是否有市场的。

你的想法可以真实地解决某一问题

那些真正具有可行性的创意会有效地满足市场需求，为某一特定需求提供专业性的解决方案，或是可以让我们的生活变得更加方便。更重要的是，在落实创意的最初阶段，身为这一创意的主人，你很可能是它的唯一检验者，或许，你只是在做一件可以解决你个人问题的事情。

可其中的机会就在于，如果你确实注意到，某个问题有些特殊并且亟须解决的话，那么，其他人也同样会这样想。

2013年，康比纳特投资了一家名为“迈德斯”的“公司”。该公司只有一名员工，即它的创始人。此人是一名内科主治医生，他想要解决的是一个令所有医院备感困扰的问题，即在医生交接班时，要如何更安全、更全面地转交病患以及重要的医疗文件。

康比纳特认为，这家公司最出色的地方就在于，它的创始人想要制作出一款适用于这一场景的软件，从而杜绝有可能出现的手写错误，也因此而避免了便利贴丢失造成的信息遗漏。

你打算对自己的想法进行长线经营

如果你认为自己不大可能投入大量的时间与精力来将想法变成现实，使其落地的话，那索性就不要折腾。这也是福威教授认为的“落地阻碍”：将想法尝试着落地的过程中，个人往往会面临数不胜数的问题与来自多方面的巨大压力，并且创业过程中也会出现各种不顺。若没有内心巨大的热爱与激情进行铺垫的话，那个人将有很大可能性半途而废。

对此，福威教授认为，除了拥有激情与热爱的前提以外，如果个人不想承受太大的压力，在正式将想法推向利益相关人以前，最好先让产品在自己信任的人群里试用一段时间：“你需要认真地对待这一问题。最好等上一周的时间，把你的产品展示给朋友或家人——他们是你真正可以信任的人。如果在那之后你依然感觉它很棒，那它就值得你坚持到底。”

人们迫切地渴求你的想法落地

你应该确定其他人与你一样，对这一想法充满了向往与期待。你的产品有粉丝吗？如果有，这往往是一个良好的信号，它表示你的确走对了方向，并且有很大的机会以此为中心进一步拓展业务。

最开始时，你可以做个创意测试，将创意或者产品的雏形展示给亲友，有可能的话，最好还展示给你的潜在客户。统计一下想法或产品的受关注程度，了解一下市场究竟有多大，对于日后具体的落地、执行大有好处。

开始展示自我创意以后，你应留心，人们会不会使用“喜爱”来表达他们对创意的观感。“想获得这一评语很难，但这是人们对创意最强而有力的肯定。”福威教授指出，当然，若没能如愿地收到正面反馈，也不需要持续延长测试的具体时间——这一步骤只是为了找出哪些人是对你的想法最有购买欲望的人。

精简创意落地后的产品，并及时地获取用户的反馈

很多人认为，创意就是将多种实用的东西进行组合：“如果我能将空调、车、娱乐、旅馆组合在一起，我一定能够做出世界上最棒的东西。”的确，正如我们前面所说的那样，组合不同的物体、想法会带来新的灵感，可是让思维落地的过程中，最大的麻烦就在于想要十全十美。

“每一个人都应在尝试创新的开始建立起自知之明：你不可能在所有方面都做得那么出色，想各方面都出色，你最终只会什么都做不好。”福威教授解释道，“若你不断地将各种特性或功能附加到核心产品上，试图通过这种方式让它变得更有吸引力，那么，这绝对是一个危险的信号。”

创新者伯克维·达里和他的团队原本有一个庞大的计划，想要将各

类资源都聚合到一起，将自己的网站打造成一个内容丰富、应有尽有的旅游策划应用，以帮助用户制订出近乎完美的出游计划。

可当他们这样做以后却发现，人们根本不愿意用它：旅行者们只是想要一个简单的、最基本的在线文件夹来帮助自己管理各类出行信息。

这便提供了另一个想法落地的重要原则：测试期间，若你发现用户只对产品的某项功能感兴趣，你便可以考虑将其他那些被客户无视、利用率极低的功能砍掉。有时候，你甚至会发现，一个创意或产品的整体评价非常糟糕，但其中一项功能或某一客户群反馈却极其良好——此时，专攻这一点，便有可能让产品与想法焕发出新的活力。

“你必须要意识到，你的资源与时间都是非常有限的，而伟大的思考者只会全力去做好一两件事。”

掌握正确的上市时机

现有的市场已经准备好接受你的产品了吗？很多时候，某些产品可能在很早以前便尝试过推向市场，但并没有成功。可过一段时间以后，它们再次被推出，并获得了不错的反响。

平板电脑的概念其实最早是由微软公司于2002年秋季提出的，可遗憾的是，因为当时硬件技术力量不足，且供平板电脑运行的系统软件也有巨大缺陷，因此，这一概念并未得到推广与普及。直到2010年1月27日，美国苹果公司推出了iPad一代，这才使平板电脑正式在市场上成为流行性产品。

因此，如果某个想法总是在你的脑海里挥之不去的话，你可以试着去分析一下当前市场的风向：当下，市场上的流行与上一次类似创意失败时相比，发生了哪些改变？

影响因素可能是某种技术的兴起或普及，政府新政策的出台也会对产品能否成功上市产生影响。

身为创意的提出者，你控制不了创意诞生的时间，但你至少可以尝试着去观察市场态势，把握住那些可以让你的创意落地、执行的正确时机。

Chapter 6

点燃创意引擎，把寻常事物变得出众

我们之所以会在日常生活中感觉无趣，往往是因为这些已是寻常的内容，早已在日复一日的轮回中变得枯燥无味。是否有一些方法，能够让我们的生活多一些惊喜，使平淡的人生变得卓越而出众？其实，即使是最小的创意也有可能创造出有影响力的产品——当你可以熟练地在自己身上或是与他人互动时能够运用创意元素兴奋感与满足感便会更频繁地出现。

1.营造创意环境，更好追随灵感

创意并不是由外部因素决定的，而是由人们坚决要做成某事的决心决定的。不过，心理学家的调查显示，即使是最抽象的思维也会受到周围环境的影响，没有人可以对外界影响免疫。

在现实生活中，那些最富有创造力的人所生活的背景往往会被忽视，可从多个角度来看，适当的环境对创造力非常重要，它可以影响并促进新事物的产生，还能影响新事物被接受的程度，因此，那些富有创造力的个体也往往会被那些充满活力的环境所吸引：在那里，他们的作品最有可能获得成功。

最近的分析显示，让富有创造力的个体与众不同的是，无论他们身处繁华之都还是贫瘠之地，都能赋予环境一种个人模式，这种模式能够与他们的思想以及行为习惯产生共鸣。在自己营造的环境中，他们忘记了周围的世界，专注地追随着内心的灵感。

控制自己的灵性空间

多数人是无法控制自己所在的大环境的，我们对自己所生活的社会、甚至对自己置身其中的机构都无能为力，然而，我们可以对个人环境加以控制与转化，使其有助于提升个人创造力。由于这一原因，我们可以从那些富有创造力的个体身上学习到很多东西，一般他们会精心确保自己可以放松而不受干扰地专心工作，具体的做法取决于个人的性格与工作风格。但重要的是，要拥有符合个人需要的特殊空间，在这个空间里，可以感觉到舒适，并拥有控制力。

英国社会学家埃利斯·博尔丁过着僧侣一样的生活，他严格地按着既定的规程工作。在他看来，这有助于保持创造性的思维节奏："早上，我会散步与反思，就如同那些真正的圣徒与那些经历了灵性之旅的人一样，我还花费了很多时间去进行冥想与祷告。我还会在修道院里度过大量的时光，在那里，周围的一切都很宁静，我拥有很多时间，只是看着窗外的群山陷入沉思。"

可以看出，个人的性格、气质不同，对环境的要求也有所不同，获取灵感的方式也截然不同。一个性格孤僻的人可能在面对平静的湖水或荒原时，感受到自然与和谐；那些性格开放、粗野的人在面对狂暴的大海或电闪雷鸣的天气时，反而会感到很振奋——最令你振奋的时刻或地点是什么？让自己记录下这些地点，并经常性地置身其中，我们便极有可能更频繁地灵光乍现。

为自己的灵性空间增添个性化物品

伊丽莎白·诺埃尔–诺伊曼是一位科学家、企业家，她精通于让环境变得个性化的艺术。她的办公室由15世纪的农舍改造而成，房间里摆放着典雅的古董家具。她的家位于德国康斯坦茨湖边，家里摆满了书和反映她个性的稀罕玩意儿。

我们常常在家里摆放体现我们独特性的东西，就是这些东西把房子变成了让我们能够拥有安全感的地方。这个地方拥有一个具有支持作用的象征性的生态环境，这样我们才会感觉安全，放下防御，继续完成思维上的任务。

在某种程度上，这些象征物代表了自我最本质的特点和价值观，它们有助于让我们变得更独特。一个空间中若没有个性化的格调，缺乏指向过往或导向未来的东西，就会变得毫无生气可言。而充满了具有意义的象征物的家很容易让它的主人知道，他是谁，他应该做什么。

当然，以某种方式装饰房间并不能让一个人的生活奇迹般地变得更富创造力。其中的因果关系同样非常复杂，那些把家装饰得比较独特的人可能更有创造力，拥有一个能强化个性的家，有助于增加施展个人独特性的机会。

让自己身处能促进灵感萌发的环境里

优美的环境往往会吸引灵感的到来，而恶劣的环境则会遏制灵感的产生。

那么，什么样的环境算得上“优美”呢？

◆ 让自己置身大自然之中

早晨的树林、晚霞中的海滨、鲜花盛开的公园、充满田园风光的小径等，都是有利于创意萌发的环境。

安徒生喜欢在森林里构思童话。森林中的一切，一块有花纹的树皮，一颗掉在地上的松果，都能引起他的遐想。一只蚂蚁拖着一只翅膀透明的昆虫，就好像强盗劫来了美丽的公主。

法国物理学家皮埃尔·居里则认为，在森林中最容易产生思维的激情。物理学家费米喜欢躺在青青的草地上想问题，而作家马克·吐温则对在海面上写作一往情深。

如果你一时找不到创意，或者想让自己的创意更频繁地出现，早晚时分去大自然里走一走，或者在工作压力大的时候放下一切，到公园、树林里散散步，都是不错的选择。

◆ 为自己选择美妙的声音

悦耳的音乐、潺潺的流水声、婉转的鸟儿叫声，都能令人心情愉快、精神振奋，有利于思绪与灵感的到来。

世界圆舞曲之王小约翰·施特劳斯最常待在维也纳森林里，他所创作的许多动人心魄的乐章，都是在聆听鸟语泉鸣时诞生的。而意大利戏剧家阿尔菲爱里在听音乐时想象力最旺盛，他的作品大半是在听音乐时酝酿而成的。

相比之下，刺耳的噪声，如高音喇叭、机器的轰鸣声，都会令人烦躁不安，脑部功能下降的同时，个人精神会无法集中，记忆力减弱，注意力也会分散，甚至会产生神经错乱——此时，灵感是绝对不会来的。

◆ 为自己所在的办公室或工作地点创造柔和的色彩与光线

晚霞夕阳，月夜星光，或者是为自己点亮一盏能够带来温馨感受的台灯——音乐家德彪西常常会凝视着夕阳余晖里的塞纳河，此时，他进行曲谱构思的灵感最旺盛。

颜色对大脑的作用也有所不同，一般情况下，红色令人振奋、警觉，绿色令人镇静安详，黑色、棕色与灰色则容易使人忧郁。

这便带给了布置我们工作地点的灵感：房间里应该座椅舒适、光线充足，让人一走入房间，便会有愉快、振奋的感受，而大脑也会有更积极的思维习惯。

我们周围的环境并不存在什么完美的模式，不过，从上面的阐述中你应该也可以看出，那些反映出个人特点的环境有助于保持与发展个性，从而有利于提升创造力。它让我们很快就忘记外部世界的干扰，聚精会神地从事手头上的工作。

此外，选择什么地方，需要对个人特点与他们所从事的任务进行权衡对比式考虑。那些内向的人往往更希望走到聚光灯下之前，先让自己的表现达到完美；而较为外向的人在职业生涯一开始时，就更青睐竞争的压力。然而，不管在哪种情况下，选对环境才会促进创造力的施展，选错环境则会妨碍创造力的发挥——记住并实践这一事实，对个人创造力的发展有积极的促进作用。

2. 更有技巧地掌握他人的注意力

我们生活在信息环境之中，更确切地说，我们生活在一个由注意力经济构筑起来的信息环境里。注意力之所以会成为重要的资源与消费品，是因为它拥有使用价值。

这一点得到了诺贝尔奖获得者赫伯特·西蒙的认可，在谈及对当今经济发展趋势的预测时，赫伯特·西蒙先生直言："随着信息的日渐发展，有价值的不再是信息，而是注意力。"这种观点最好的例子就是，当我们谈论"车"时，我们的脑海中会首先浮现出"汽车"的模样——不管你想到的是福特、长安，还是奔驰、本田，脑海中出现的形象一定是汽车。

可事实上，"车"包括了很多类型：自行车、三轮车、独轮车，甚至是板车，可你的脑海里多半只会出现汽车。在汽车制造商强大的宣传攻势之下，你的潜意识已经在"车"与"汽车"之间画上了等号，这样一来，你在考虑"买车"这一问题时，不会再考虑"我要买一辆自行车"，而是会直接思考："哪一款汽车更适合我？"

而这一现实例子也指明了注意力的真相：人们关注某个主题、某一事件、某种行为与多种信息的持久程度。不过，既然注意力如此重要，我们要如何让自己的创意更好地吸引他人的注意力呢？

根据美国联邦航空局的规定，在飞机起飞以前，空乘人员必须要进行安全通告。坐过飞机的人对此并不陌生，空乘人员会例行公事，告诉大家：出口在哪里；舱内的气压发生变化时，我们要怎么办；在意外发生时，为什么不能乱碰烟雾警报器等。

显然，这些飞行安全通告大多是在一个相当糟糕的环境里完成的：鲜少有人在意别人到底说了什么，对空乘人员是这样，对乘客来说也是这样。相比较而言，如果发生意外的话，反而更容易让人兴奋。

可是，想象一下，如果你是一位空乘人员，你要怎样让乘客们更仔细地听你的通告？

一位名叫卡伦·伍德的空乘人员便创造性地解决了这个问题。在一次从达拉斯飞往圣地亚哥的航班上，她进行了如下宣告：

若各位愿意花些时间听我说，我们将很乐于告诉大家，如何正确地使用这些安全设施。假如您从1965年到现在从未坐过飞机，那么，系好安全带的方法应该是将平的一端插入搭扣里。想要解开安全带，只需要抬起搭扣，它就会松开。

正如一首歌里唱的那样，离开爱人的方式可能有50种，但离开飞机的途径只有6种：机身前部的两扇门，机翼上方的两扇移动窗，机身后部的两扇门。每个出口的位置在你们的座椅上方都标记得清清楚楚，而过道旁不停闪烁的红白灯也是出口位置的标志。

现在，大家可以细致地看一下。

乘客们的注意力很快就被卡伦的话语所吸引。她结束告知时，一些乘客站起来为她鼓掌——看上去，她成功地吸引了大家的注意力。

你的创意要如何更好地吸引大家的注意力？当你是一位下属、一名服务者时，你自然不能像一位家长对孩子说话的那样，强硬地要求对方看着你、听你说。而卡伦·伍德的做法却恰恰相反：她甚至连音量都没有提高，就成功地让人们注意听她说话了。

最基本的吸引别人注意力的方法是：打破常规。毋庸置疑，人们可以很快适应那些持续发生的事情。连续的感官刺激往往会麻痹我们：想一下空调发出的嗡嗡声、车辆的噪声、蜡烛燃烧时的气味或是书架上书籍摆放的方式。只有当某些东西突然发生改变的时候，我们才会注意到这些习以为常的事物——空调突然停止运转，或是你的爱人把书架上的书重新排列了。

我们的大脑天生就对变化敏感，高明的产品设计师十分清楚这一点。一旦需要产品使用者关注的时候，他们就会努力地确保某些东西发生变化。这种变化不仅使他们的产品更受关注，同时也会带来销量的增加。

那么，现在摆在我们面前的问题就变成了这样：如果我们想要让自己的创意更快、更广地传播，除了增加意外（或者说惊喜、变化）以外，我们还有其他的方法可用吗？

当然有！具体来说，在创意的不同阶段，你都可以找到不同的创意推广侧重点，从而更准确、更牢固地把握住对方的注意力。

准备阶段：尽可能简单

如何才能找到自我创新理念或产品的根本核心？最重要的就是，当你已经准备将自己的创意推广给利益相关人时，你应让它尽可能地保持简单。这就如同一名成功的辩护律师所说的那样："若你企图从10个角度去辩护，即使你的每一个论点都有理有据，但陪审团在进入休息室以后，依然连一点也没法记住。"

想要把观点剥去层层外壳，直至核心议题，你就必须要精通舍弃之道，同时毫不留情地区分出哪些是最主要的内容，哪些是可以排在后面甚至是直接剔除的次要内容。

简单，并非一味地追求至简，断章取义更非我们所追求的，而是你要努力地去提炼精要箴言：你必须要让自己对创意的表达在保持深刻的基础上实现简短。比如，孔子的“己所不欲，勿施于人”这句话，即“简单”的最佳范本：它不仅指明了孔子的哲学，同时也为后人指明了身体力行的明确方向。

表达阶段：清楚而具体地阐述

怎样才能将自我创意观点表达清楚？

我们需要借助于身体行为与感官信息来进行阐述。很多商业领域里发生的沟通就是在这一步出了差错：宗旨声明、协同作用、战略方针和未来愿景……诸如此类的描述总是模糊到毫无意义的地步。

真正的创意观点从来不应缺乏具体的形象，否则，它就如同被埋在土里的珍珠一样——人们可能会意识到它很宝贵，但很可能没有时间或者不愿意去发掘它，因为我们的大脑总是乐于记住那些最具体的事物。最好的例子即谚语：那些抽象的真理往往用生动的比喻来表达，比如，“邻居好，赛金宝”“读书破万卷，下笔如有神”。只有将自己想要传达的信息进一步具体化，才能确保每一位对象都可以真正地接收到同样的观点。

犹豫阶段：让创意凸显诚意与可信

哪怕你的创意阐述得再简单、再清楚，如果让人感觉不可信的话，它便没有丝毫价值。真正能够落地、能够为人们所接受的创意必须要具备相应的信用背景。现实生活中，很多人想要证明某一想法时，总是会本能地去寻找一些冰冷的数据支持，可这种做法并不明智。

1980年的美国总统大选中，候选人罗纳德·里根与时任总统吉米·卡特在辩论会上狭路相逢。里根原本可以尽情地举出一堆统计数据来证明当时的经济不太景气，可他并没有这么做。他只是问了一个选民们有切身体会的简单问题："在决定将手中的票投给谁以前，请你们先问问自己，你们目前的经济状况是否比四年前更好？"

我们必须要设法帮助他人亲自去证实这些构想，即观念世界里的"先试再买"行事哲学：只有这样，才能让利益相关者们战胜自己的犹豫，勇敢地将自己的资源或信心投在我们的创意上。

宣传阶段：尽可能地调动情感

当利益相关人被打动以后，你现在需要解决的问题是：怎样才能让更多的人关注你的创意？这关乎创意是否能够进一步被接受与下一步的落地计划。而答案就是，你必须要让他人对你的创意产生情感。

仅拿捐款来说，心理学研究表明，人们总是更愿意捐助那些一贫如洗的人，而不是穷乡僻壤；人们更有可能对一个具体的人或物而不是一个抽象的事物产生情感。

有时候，调动情感最艰难之处在于选择，你要从喜、怒、哀、乐等情绪中选择一种更有效的来引发情绪。举例来说，若你想要劝青年人戒烟的话，仅向他们灌输抽烟会导致癌症、会缩短寿命等可能会很难奏效；可是，同样的招数用在中老年人身上，便较容易达成戒烟的目的。因此，看准你的对象与创意受众群体：他们最关注的情感是什么？从此处入手，便更能打动他们。

这便是创意得以在现实生活中迅速而广泛传播、并深入人心的最基本原则。运用这些原则并不需要特殊的技能，但当你能够在实践过程中更多地使用它们时，你在未来的创意过程中，也将更娴熟地把握受众的注意力，从而令创意变得更能深入思想、更快成为现实。

3. 以态度的科学配方，合理调配创意生活

不只是布置个性化的生活环境可以提升创造性思维，另一种方法也非常重要，那就是设定我们所从事的活动的节奏。

> 德国科学家曼弗里德·艾根几乎每天都会弹奏莫扎特的钢琴曲，以避免线性思维，这一点与爱因斯坦习惯在思维堵塞时演奏小提琴如出一辙。加拿大作家马克·斯特兰德会在繁忙的工作结束以后在花园里遛狗。美国著名经济学家黑泽尔·亨德森每天都要努力解决她协助组织起来的各种环保团体的问题，而在花园里散步，是她恢复自己清醒头脑的最好方法。

其他人则各有自己的规律：有些人骑自行车，有些人看书，有些人选择为家人煮饭，有些人则乐于在疲惫工作以后去游泳。并不存在某种可以规划所有人类行为的标准方式，但最重要的一点在于，不要让偶发事件或者常规活动决定我们要做的事情。

> 曾任雅虎首席执行官的玛丽莎·梅耶尔很少在其他人吃饭的时候吃饭，这位杰出的企业家拥有自己的生活规律，她严格地按照自己的需要来安排日常生活：

我赋予自己的时间一种节奏，这种节奏可以让我更好地履行自己身上所肩负的每一种职责。比如，作为一位母亲、一位妻子——虽然我并不能总是做到最好。

然后，她用更具体的表述说明了自己所说的“节奏”的具体含义。

我认为它类似于其他人的节奏，也就是说，所有人都会有一套属于自己的、独特的习惯，将生命中的某一时间段定为独处或者与人合作的时段。不论如何，他为自己制定出某种日程，这并非外在的现象。

对我而言，它与生理自我与精神自我之间的关系，以及与外部世界的关系都存在着极大的相关性，其构成要素可能就如同每天早上看报纸一样平常。很多年前，我经常会这样做，但从几年前我就不再每天早上看报纸了。这也改变了我一天的节奏。

每天晚上的某个时间，当血糖降低时，有些人会选择喝一杯葡萄酒，并会期待这一时刻。当然，在一些时间里，人们会从事自己最重要的工作——这其实与过去玛丽莎在早上选择阅读报纸而现在改变这一活动一样，都是调整并找到真正属于自己的生活节奏。

找到属于自己的生活节奏

大多数富有创造力的人在很早时便发现了自己最好的生活节奏，比如什么时候睡觉、吃饭和工作。而且他们会遵守这种节奏，即使受到做其他事情的诱惑也不会改变。

他们穿着让自己感到放松的衣服，只与意气相投的人交往，只做自己认为重要的事情。当然，不得不与他们打交道的人可不喜欢这种特质，因此富有创造力的人通常被认为是怪异的、不好相处的也就不足为奇了。行为的个性化模式可以让人们免于做出预期设想，这样便不用分散注意力，可以专心致志地干重要的事情。

类似的控制也会扩展到时间安排上。一些富有创造力的人的日程安排得非常紧凑，他能提前半个月告诉你，某天下午的3点到4点之间他会在做什么。另一些人则放松得多，他们甚至对当天晚些时候要做什么都不清楚，并且为此感到自豪。同样，重要的不是应该遵守严格的日常安排还是进行灵活的安排，而是成为自己时间的主人。

更长跨度的时间也显示出同样的结构。弗里曼·戴森和巴里·康芒纳相信，每隔10年左右应该做出重大的职业改变，以避免变得厌倦。其他人似乎喜欢利用一生的时间在自己的领域一角不断地进行更深入的探索。不过在心理学家们调查过的创新名人中，没有一个曾说过，他们之所以会做某事是因为在那个特定的时期，这件事是社会所期待的事情。

创造力在不同阶段的表现不同

从个人生活节奏的重要性来看，环境之所以能够以不同的方式影响创造力，完全取决于人们处于创造力产生过程的哪个阶段。

第一阶段，人们收集可能导致问题出现的各种要素，此时有序而熟悉的环境被认为有助于他们将注意力集中到有趣的问题上，而不会受到“现实”生活的干扰：对于科学家来说，这种环境就是实验室；对于商人来说，就是办公室；对于艺术家来说，就是工作室。

第二阶段，与问题有关的想法在潜意识中酝酿，此时换个环境可能会更有帮助。壮丽的风景或异国文化等新奇刺激会令人分心，使得潜意识能够产生平时用逻辑思考无法建立的联系。

第三阶段，当意想不到的联系以洞察呈现出来以后，熟悉的环境再一次承接了接下来要完成的任务：在自我领域的庄严氛围中，评价与精心制作阶段能够被更有效地实施。

找到与自我意识最契合的生活节奏

从上面的内容我们可以看到，不管在任何时刻，最重要的是对环境、行为及日程安排进行巧妙的设定，使它与我们的生活保持和谐。如果这个地方像科莫湖边的别墅一样迷人，那固然很好；但是，若命运将你丢到了贫瘠之地，那将是一个巨大的挑战。

当你处在不管是何种极端情境中时，如果你还期望保持巨大的创新力，那么，眼下对你的意识而言，最重要的就是要找到方法，让它的节奏与外部环境相适应，并在某种程度上将外部所遭遇的事情转化为自己的节奏。通过对时间与地点进行的调解，我们会体验到自我独特存在的真实感，以及自我与思维之间、灵感与现实之间的关系。从这种理解出发，我们随后便能够轻而易举地形成新颖的想法和具有独创性的行为。

定义属于自己的日常生活

日常生活的含义很简单：

☞ 确保你工作与生活的地方能够反映你的需要和品味；

☞ 应该有可以让你全身心投入活动的空间，也应该有激发创意的空间；

☞ 周围的物件应该有助于你成为自己想成为的人。

想一想你是如何使用时间的，思考一下你的日常安排是否反映了最适合你的节奏。如果你不确定，那么不断去尝试，直到找到工作与休息、思考与行动、独处和与其他人共处的最佳时间安排。

创造一个和谐、有意义的时间与空间环境能够帮助你变得具有创造力。它也许能帮助你实现个性的生活，抛弃令人感到无聊或失控的生活，并让其他人认识到自身中与生俱来的独特性及成长的可能。

4.借助知识，创造体验的工具

创意家贝斯·库克曾经在网络上分享过这样一张图片，该图片很快拥有了巨大的转发量，这代表它引起了许多人的共鸣。这张图片也使他开始思考，到底要如何将知识进行联结。

这张图片清楚地指出了知识与经验的不同：

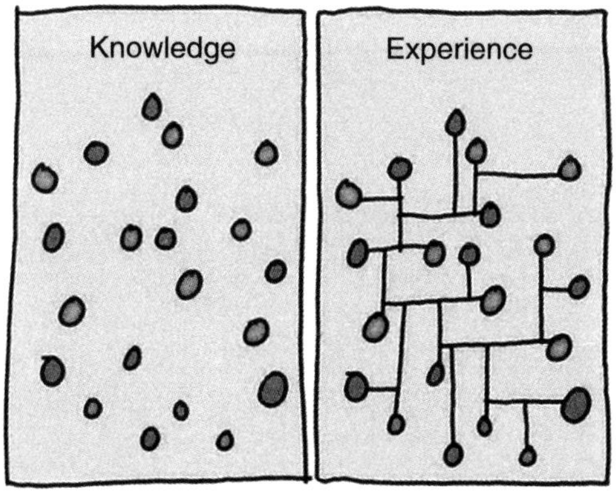

知识　　　　经验

通过观察该图片可以发现，单一的知识在现实生活中是无法发挥效用的，除非我们可以将之与过往累积的其他知识加以联系。

许多优秀的创意人士，比如作家、科学家、艺术家都曾经谈论过搜集点子、组合知识的重要性，并且将每一个知识都视为一个点，并想办法在点与点之间形成联结，以产生更有创意的想法。

这一说法得到了剑桥大学著名的心理学教授W.I.波维瑞德的支持。波维瑞德在自己的文章中写道："那些成功的科学家们往往是充满了好奇并拥有广泛兴趣的人，而独创性往往来自联结各种想法，而且联结的方式往往是不易被他人猜想到的。"

他建议那些创意人士应多阅读自己专业领域以外的文章，以增加个人知识体系的丰富性："当你这样做时，你未来要进行联结的话，便会有更丰富、更多元化的知识点。"

正视事实：累积知识才能萌发更多创意

"我要去做与众不同的东西！"这种看似目标远大的想法背后其实隐藏着巨大的陷阱。这也是波维瑞德提及的一种常态——构思想法时，很多新手会说："我希望提出别人从来没有见过的创意"，然后，就期待着灵感可以从天而降。

可事实上，累积"每个人都看过的东西"相关的知识，才是发动创意引擎的第一步。不管你从事的是文学、设计还是其他职业，知识都是创意萌发的基础。失去了丰富的知识储备，想象力便会软弱无力，无法自由地翱翔；对特定领域了解得越多，发挥想象力时，你便有更多的依据，越有可能产生非凡的创意。

这也正是为什么很多创意产生于专业人士：如果你想设计出一款别出心裁的太阳能汽车，你就必须从了解能源科学或者工程学等相关知识开始。

有人不赞同这种说法，他们认为，实现创新的最佳状态是将大脑腾空，让大脑如同一张白纸一样，不接受任何现有知识或规则的制约。的确，现实生活中存在这样的例子。但是，若你进一步深入地观察这种现象，你便会发现，很多情况下，那些所谓对自己新从事的行业一窍不通的创意成功者，并非真的对他们的工作一无所知，相反，他们恰恰是相关行业的精英。这些成功人士从所擅长的行业转到一个相对陌生的行业，由于不甚了解行业规则，常常做出一些让业内人士大为吃惊的举动。

这正如著名作家马克·吐温所说的那句话一样："一流的剑客完全不需要担心二流的剑客，他们真正应该害怕的是那些无知的、从未拿过剑的敌人。正因为这些敌人从未碰过剑，所以他们可以不受剑道的约束，随意发挥，却往往打败了成名的剑客。"

横跨不同领域的创业者往往都是这方面的专家。当他们进入一个全新的领域后，能够迅速地将前一次的成功经验运用到目前的创意活动中。

保持留意每一件事情——特别是洗澡的时候

就如同我们在前面提出的建议一样：你应该随身带上自己的智能手机或者记录本，并随时做笔记。不要期望你的大脑可以记住所有的事情，而是要信任自己手中的笔——它才是最可靠的。动手记下脑海中闪过的点子或者想法。当你这样做时，你可能会记得昨天、过去你记下了什么，而这将有助于日后进行连续。

你甚至可以在洗澡时这样做——我们反复强调，洗澡时光是最有助于激发创意的时刻，你应该牢记这一点。

使用富兰克林法，每天复习你的笔记

每天对自己的笔记进行审视，将有助于在未来需要时更容易地回想起它们。这正是美国思想家富兰克林培养起自己那宝贵的13种美德的方法之一。

每天早上，富兰克林都会记录下自己所做的事情，并在早晚时分进行重新审视，同时回答一个简单的问题："我今天做了哪些好事？"

对于你而言，你最应该问自己的便是："我今天想到了哪些平日里没有想到过的东西？"这一答案往往是你获得创意真知的关键所在。

知识如画布，创意像作画。只有纸张越大，自由作画的空间才会越大。这也是波维瑞德力求让每一个心存改变梦想的人认识到的现实：思而不学则殆，创意与知识互为辅助才能改变世界、实现由"不可能"到"可能"的飞跃，失去了知识，你便极有可能成为想创造却无从着手的空想家。

5. 成功，是因为从已知中看到了改变的可能

众所周知，苹果公司被公认为是当代最具有创新能力的公司之一，但事实上，如果你对苹果的产品拥有足够深入的了解的话，你就会发现，苹果从来没有从真正意义上发明过全新的产品，iMac、iPod、iPone、iPad，都不是同类产品里的首创：

> iMac是个人电脑，世界上首台个人电脑是由IBM研制成功，并投放市场的；
>
> iPod是MP3，全球范围内首台商品化MP3播放器是三星公司于2000年出品的；
>
> iPone是手机，手机的发明者是马丁·库帕，在发明这项产品时，库帕是摩托罗拉公司的工程技术人员。
>
> 至于具有划时代意义的平板电脑iPad？
>
> 那是微软在2002年左右大力推行的电脑。

但苹果之所以出色，就源于它具有非凡的创新意识：在乔布斯领导时期，他带领苹果技术人员，将这些产品进行了全新的改造，并以创造性的思

想，将其转化成了具有新服务、新方法并带来新感受的新发明。

苹果，以自己的实际行动，为我们展示了这样的事实：当你能够在平凡事物中找出可创新之处，并将之以令人惊喜的方式呈现出来时，不管是你的产品还是个人生活，都将更成功。

就平板电脑来说——2002年，微软推出了真正意义上的平板电脑，并配合了当时最新版的Windows XP Tablet PC Edition操作系统以及新的办公软件。比尔·盖茨期望自己的产品能够拥有技术性的电脑操作体验——可惜的是，该电脑上市后，虽然业界呼好声连连，但用户并不认可。

几年之后，当苹果在推出了iPad系列平板电脑时，最注重的就是用户的感受。iPad 1厚重到了甚至可以供女孩防身用，但iPad mini 4不仅轻便便携，而且在拍照、操作体验等方面，都更加出色，且更加方便用户出行时携带——以往你出门前，会反复强调：钥匙、钱包、手机；如今，你可能会在这三个后面，再加上一个“iPad mini”。

这就是为什么苹果成功了：创新不是变换一个新的概念。从本质上来说，微软当年推出的平板电脑与苹果现在的平板电脑并没有区别，但在消费者看来，这完全是两种截然不同的体验。苹果，真实地向我们展示了更便捷、更能体现科技之美的世界；而乔布斯也证实了这样的人生：只要你敢于想象，你的人生就会变得更好。

但对于很多普通人甚至是企业的领导者来说，创新与想象——即能够从本质上提升个人生活品质的新想象——永远不会成为他们骨子里的精神。这与我们大部分普通人“求安”的心理本质是一样的：创新、改变与想象能够带来美好结果，但是，这些需要激情的支撑，对失败的畏惧常常会将我们对于更精彩人生的梦想扼杀。

大多数时候，畏惧的情绪会超过改变的动力

一项源于美国纽约大学的心理调查证实，只有3%的人会坚定地跟随自己的直觉，来对生活或产品进行革新。与此同时，97%的人更愿意待在熟悉、稳定的已知之中，只因为这些事情能够获得收入上的安全感——所以，大部分人永远不会真正拥有创新的能力，也不敢创新。

美国著名心理学家阿尔伯特·艾利斯认为，这一残酷现实源于人类不善估量风险的特质：除了认为改革会带来风险与动荡以外，我们还会特别担心自己会因某项尝试性的新行为而遭遇损失，比如，我们会担心遭遇欺骗而害怕与陌生人交际，担心自己会因在野外探险而死于毒蛇咬伤、雷击一类的横祸——虽然此类事情发生的可能性微乎其微。

这种基本性的判断错误，是因为在大脑进化的成千上万年间，人类遭受敌人攻击以及被自然事物所伤害一类的事情构成了真实存在的威胁，对此类事件的恐惧，便深深地嵌刻在了我们的神经系统中，只是，它们非但在现代化社会中已不合时宜了，而且还限制了让自己尝试着去主动改变的能力。

想创造惊喜，你得学会用已知带来未知

与苹果的创新相同，你很可能不知道，如今外科手术中用来治疗心脏疾病的血管支架，想法源自直升机的螺旋翼构造；耐克慢跑鞋的防滑斜纹则是受到松饼烤盘的启发。而使星巴克火遍全球的VIA咖啡粉萃取方法也并非原创，而是挪用医学界保存血液血球细胞的冷冻干燥技术，这才能让咖啡粉末在冲泡后，保持原始风味，宛如新鲜现煮一般。

以往，我们总是认为，想用一件产品来震撼他人，往往需要完全的创造，但上述案例却告诉我们：你只需要将已知革新就能让他人惊喜——想给人惊喜，并不见得非得从头出发，跨领域的挪用与学习，一样可以帮助你迅

速整合出令人眼前一亮的全新商品。

这也证明了当今世界的改革主流：创新思维早已走向了“新创”与“应用”两个不同的形态，二者相辅相成，如钻子快速向未来钻去，在这种“过往”与“当下”的结合之下，再坚硬的挑战都可以被钻透。

现在，你得到启示了吗？想让生活、产品更多一些创意的元素，你已不必全部靠自己，只需要重视并灵活运用现有的技术、经验、将看似不相干的“ABC”与“一二三”相互混合，便能达到实用的目的，在带给他人便利的同时，实现自己的成功。

常常走动，时时观察

廉价航空先驱捷蓝的共同创办人大卫·尼勒曼算得上是“坐不住的人”，但他善用这种独特的人格特质，每周至少搭乘一次飞机，将观察当娱乐，在实际体验中发现真实的问题，打造出了全球旅行者热爱、航空业纷纷效仿的廉航新商业模式。

如果你是一位产品设计者，你更应该围绕自己所研究的东西，累积有关这个东西的观察，让自己产生“高度专注力”：不管是在何时、何地，都将与该事物相关联的事物记下来，累积到一定数量以后，再进行分类与分析，试着去洞察出该事物背后隐含的现象或意义，培养起“深度的观察力”。

一位座椅设计师便在日常生活中累积观察各式各样的“坐”，并探索这些“坐”的不同及其隐含的人们的需求。

而另一位杰出的广告行业精英，则爱好在看电影时随时拿着小本子：他要将自己观察到的、电影里有关广告插入的片断记下来，并从中甄选出那些插入巧妙的时刻，借鉴到自己的广告方案中。

这种做法使他们在行业中变得杰出，同时也令他们的作品更广泛地得到认可与感动。

越创新越人文，处处都是顾客

当知识与资讯呈现出各种图像化、零碎化、拼贴化、混种化的特质时，如果你真的想成为将寻常事物变得卓越的那个人，你就必须要拥有驾驭这些特质的能力，才有可能让已知的事物成为再一次带给他人惊喜的创新能量。

身处互联、共享时代，在观察已知事物、整合跨领域的技能时，你必须要做到融会贯通，使原有的旧事物像发生化学变化一般，才算真正为自己所用。当然，做到这一点并不简单，你需要把周遭接触到的每一个人都视为自己的“顾客”——对内你需要能与同事上司、亲朋好友沟通；对外，你需要聆听消费者的心声：

☞ 他们最离不开的是什么？

☞ 他们需要却未实现的是什么？

☞ 他们眼下是否处于某一事物的约束之中？

☞ 如果对这一事物进行一些小小的改动，会有怎样的结果产生？

……

你可以大胆地设想、小心地求证，在这种异想天开的氛围之中，你才能够发现生活中能够让你切入创意、展开创新的空间。

也唯有如此，你才能够拥有维持不败的竞争力；你才有机会遇到这样的未来：不管身处何种处境之中，都可以创造出令人莞尔一笑、怦然心动的惊喜。

6.运用权威力量，带动创意流行

如何使新颖的创意在短时间内被更多的人接受？让我们将这一问题放大到尽可能大的范围来看：是什么使人们开始相信创意？为什么让人信服会成为一个如此费力的问题？从最显而易见的答案开始分析，我们就会发现：我们相信，是因为我们的父母或朋友相信；我们相信，是因为我们过往的经历引领着我们到达自我信仰；我们相信，是因为我们信任权威，而这些力量都是极为强大的力量。

当我们考虑到权威这一可以增加可信度的因素时，我们要如何做？美国传播学与心理学专家汉德·斯特林认为，一般创意者可以从以下几个角度入手。

将创意与名人联系在一起

当你想要将一个不可思议的创意融入现实生活时，不如首先考虑两种人。第一种人是专家，这种人的权威性就如同镶嵌着金框的证书一般。

名人是权威的第二个阵营，为什么我们会关心迈克尔·乔丹是不是喜欢吃麦当劳？这当然不是因为他是一位持有证书的营养学家或是一位世界级的美食家，我们关心是因为我们喜欢乔丹。因此，假如乔丹喜欢吃麦当劳，那么我们很可能也会跟着他一起吃麦当劳。

这也正是为什么著名美剧《生活大爆炸》中霍金的出现，会让这部剧增光无数的重要原因：霍金是物理学最知名的学者之一，而他的加入，不仅印证了《生活大爆炸》中所提及的理论是的确存在的，同时也证明这真的是一部有关科学“呆子”的剧。而且，它肯定足够精彩，不然，霍金不会喜欢它，并主动要求参与其中。我们信任自己心目中的偶像、名人的推荐。

利用专业人士的力量

与业余人士相比，我们更信赖专家：他们在某一方面拥有专业的知识，正如我们在看病时更相信医生，而不会去讨教一位销售专家一样。如果某一领域内的专家又恰好具备了善于言辞、乐于与人交往的特点以后，那么，其可信度往往会大幅度提升。

一旦公众对某一事件产生了疑惑，这些人的意见往往会被视为是指导性意见。比如，在流感事件爆发以后，我们之中的大多数人都会绝对严格地按照医生的建议去安排自己的生活。

如果你的创意事关专业，若能够请到知名专家来为你打造创意，那么，你的创意便会拥有更多可信度。这也正是为什么越来越多的牙膏广告中出现了“牙科医生”这一角色：在牙齿健康的领域中，他们看上去比一般人更有发言权。

利用反权威理论

如果你有幸获得了明星或是有声望的专家支持的话，那么，你的创意自然可以更快被人所接受。但是，如果一位初出茅庐的创意人员并不认识这些权威资源的话，他又要向谁求助？我们是否可以寻找那些名人或者专家以外的可信度的来源？

令人吃惊的是，答案竟然是肯定的：我们可以利用反权威的可信度。斯特林教授说，他曾经为纽约一个名为“多伊”的基金会提供过帮助，这是一个为无家可归的流浪者们提供药物治疗、资讯服务以及帮助他们再次回归正常生活的职业培训的机构。

几年前，一些来自政府拨款的组织代表想要参观一下多伊基金会。

于是，基金会派出了一位名叫丹尼尔的司机去接这些潜在的赞助者们。

丹尼尔在与这些贵客们见面以后，边开车边和他们聊天，并告诉他们，自己曾经也是名流浪者。在听到了这位亲切的司机的诉说后，这些人决定赞助多伊基金会一大笔钱。而他们之所以这样做，也正是因为丹尼尔并非权威："他是多伊基金会可以找到的最好的形象大使——他就是这个基金会可以帮助他人的最好例子。"

一个现代社会的公民，时常会被淹没在如同潮水一般汹涌的信息中，并且早已学会利用怀疑的态度来分辨这些信息："谁是这些信息的后台？我应该相信他们吗？如果我相信了他们，他们可以从中得到什么好处？"

一家知名日化公司请来明星宣称，他们生产的洗发水可以使你的头发充满弹性，但你宁愿相信你朋友说的一款名气并不那么大的洗发水打理出来的头发效果更好。这就是事实：日化公司想要将产品卖给你，但你的朋友却并不存在这一目的，因此，后者拥有更多值得依赖的理由。

可见，事物是否能够在创意过程中成为权威，并不是因为它们的地位或重要性，而是因为其与我们的关系。它使其成为最诚实与最值得我们相信的原因——在这种情况下，有时候非权威远比权威来得更可信。

7.最难的事情：让创意火花燃烧

在创意的过程中寻找多种途径的人并不仅限于创意工作者。在日本古代兵书《五轮书》里，剑师宫本武藏便提出建议："永远不要偏爱一种武器。"同样的道理也适用于自我创意的构思。艺术家们会掌握多种不同的技巧，高明的厨师能烹饪多种不同风格的饭菜，而风险投资人通晓几十种投资组合的方式。更重要的是，那些战斗力最强的勇士、爵士音乐家或者商界领袖们，都拥有诸多的工具来帮助他们实现自己的创新目标。

拥有各种各样的技巧，可以帮助从事不同职业的人取得更好的结果。汽车修理工常常会宣称，自己要选择“最适合工作的工具”。登山者则会告诉你，装备是否恰当，意味着生死之别。

在处理自己所面对的创意挑战时，为了找到最有效的解决方案，你需要利用各种各样的技巧。我们已经提到了一些如何将不可能变成可能的种种技巧，下面我们会提供给你一些行之有效的技巧，帮助你点燃这些创意引擎，从而在探索之旅中开辟多条道路。

不过，首先我们需要花一分钟的时间来考虑一下前行路上的一些指导原则。

将左脑拒之门外

人类的左脑与右脑是两个截然不同的存在：左脑思维以分析、逻辑思考与判断为主，属线性思维；右脑思维以自由发挥为主，具有创造性，属于非线性思维。在生命的大部分时间里，我们都处于左脑模式中，而这些线性思维模式很可能居于主导地位，且发展得更好。在构思创意的过程中，我们必须要将左脑拒之门外。

不过，这件事情说起来容易做起来难，我们高度发达的左脑会极力地贡献自己的力量，而我们需要做的，就是制订出行动计划，甚至是确立指标，放松你左脑的神经。在此期间，你要给自己的右脑一个大放异彩的机会。

列出创意清单

这种探索新创意的技巧是美国著名创意人士达尔・斯密斯在大学期间学

到且现在依然在用的，而且效果非常不错。

> 当时，达尔·斯密斯在上一门杂志和报纸广告设计方面的课程，全班同学被分成了几个不同的小组。他们分到的任务是为纽约彩票广告活动设计标题。在教授宣布他的要求前，我们都认为这项任务没有任何问题。教授的要求是：每个小组要设计出至少200个标题，时间是60分钟——大部分人都认为，这是一个繁重且有可能无法完成的任务。
>
> 而那次彩票广告活动中，最后胜出的广告词是："你会对老板说什么呢？"

达尔·斯密斯直言："每当和创意团队内的成员一起利用长清单这种技巧时，我们都能发现超越界限的创意"。他指出，在构思创意的过程中，最初的那些创意往往很容易、显而易见，然后就是那些前卫的创意，之后是不合适的创意，再后是粗鄙的创意、奇怪的创意以及愚蠢的创意。

在多数情况下，最好的创意通常都聚集在清单的末尾——它们极少排在前面或中间。而强迫自己列出一个长长的清单，可以推动你的思维过程，进而帮助你找到最佳创意。

为了能够从长清单这一技巧中获得最大收益，达尔·斯密斯建议按照下面的4个简单步骤行事：

◆ 阐明目的

首先，你应确保自己有一个具体的期望目标。"提升A工厂第二生产线的生产效率"就远比"提升整体运作效率"更明确。

◆ 确定创意目标

设定一个时间，迫使自己或团队在一定时间内想出数量较多的创意，同时每个创意又不要花费太多心思。要求每分钟想出两个创意就是一个很好的开端。长清单创意的范例是在50分钟内想出100个创意或用一下午的时间想出200个创意。

◆ 采取短时间练习的方式

我们很难做到长时间处于发挥创意的状态之中，尤其如果你不是每天都这样做的话。与连续60分钟不间断地工作相比，把这段时间分成4段，每段15分钟，中间略加休息的做法效果要好得多。

◆ 任其发展

你需要谨记：你进行这项练习的目的是得到大量的创意，日后可以再加以评估。不要隐瞒任何事实，而是要保证整个过程充满乐趣，不受任何限制。

遵循创意戒律

我们之所以将这些规则称为创意戒律，是因为想要让自己的创意质量更上一层楼，遵循这些规则是非常关键的。想要让自己的创意插上腾飞的翅膀，你就必须要"有所为、有所不为"。

这就如同点燃篝火时最初点燃的火花一样，为了取得最佳的效果，在创意的过程中，你必须要全心全意地支持、培育与呵护它们。通过牢记这些规则，你就能够保护培育你与团队的创意，而且这样做，可以为想象力与创造力建立起一个支撑框架。

◆ 不进行评判

在创意想法、观念发展的过程中，你必须要尽一切努力去保证它们的自由发展。任何人都不能对创意进行任何评价。激发阶段的目的在于产生创意，而不是评价其好坏：只需要让创意的火花自由迸发即可，日后再来看创意是否有价值、有空间去实施。

◆ 不要对原始想法进行编辑

你不应让自己的左脑参与会议，在创意提出的过程中，标点符号是否正确，如何措辞，这样的问题其实都是无关紧要的。至于字体的选择、调色板、创意的具体名称等，这些都是无关大局的内容，不需要加以过多考虑。

编辑是左脑的一项活动，它与创意的过程截然不同。因此，你需要保持自我创意的原生态，直接表述即可，不管它是不是马马虎虎、肆无忌惮——只要萌发了真正有价值的创意被，你就会有足够的时间去做编辑完善的工作。

◆ 不要考虑执行问题

创意一出现，你很可能会去分心，并考虑如何执行的问题：由谁来负责？要付出什么代价？项目计划应该是什么样的？财务方面有何意义？在哪里开展工作？何时开始？

这些问题如果以后提出来都是很有价值的，可在提出创意的这个阶段，它们会扼杀创造性的想法，因此应该先放到一边不考虑。

将这些规则牢记在心，甚至打印一份贴在墙上，以确保你可以细心地呵护自己与团队成员那些奇妙而重要的创意火花。在你践行规则、运用上述技巧来全面调动右脑的同时，尽量少用左脑，你的创新思维便会被大大调动起来，而你也将从平凡而普通的创意主题、创新方向里，寻找到独辟蹊径的最好方法。

Chapter 7

你不必非得成功，但必须勇敢尝试

卡耐基曾经说过：“人生的旅途很远，也很暗，但不要怕，不怕的人面前才有路。”想要看到人生中截然不同的风景吗？你首先要学会不怕，只有不怕了，才有勇气去尝试。尝试吧！人生本身就是一场探险，最能领略到别样风景的就是那些敢于尝试的人，坐在“安稳号”船上，是无法离岸远航的。

1.揭开恐惧失败的神秘面纱

当心理学家黑可·凡波作为著名非营利性机构“领袖成长联盟”的CEO与那些杰出的创新者们一起工作时，他发现，这些成功者之所以能够创新成功，在很大程度上与管理好自己的恐惧感相关。这些恐惧感包括了对未知的恐惧、对失败的恐惧与对变革的恐惧，甚至包括了对恐惧的恐惧。

这在进行改革时显得极为明显——特别是当这位创新者需要在一个大型组织内推行自己的创新之举时，此类变革往往会将组织带到一个全新的绩效水平，或者使其从瘫痪混乱里走出。黑可·凡波先生认为，在这一阶段，变革越大胆，恐惧感便会越强，而这些恐惧感最终会成为变革的阻力所在。

黑可·凡波曾经与特斯拉CEO埃隆·马斯克进行过面对面的交谈，在这次交谈中，马斯克指出了一个大众观念中的误区——硅谷企业家都不怕失败。“我当然害怕失败！”他直言。

> 马斯克回顾自己的创新之路说，在2008年和2009年，他引导进行的Space X和特斯拉项目皆差点遭遇滑铁卢。Space X项此前三次发射航天器的努力均宣告失败，而且花费了企业大笔的资金。公司好不容易才凑齐了用于第四次发射的资金。
>
> “在第四次发射时，我感觉非常紧张，当它成功发射以后，我并没有特别高兴的感觉，只是感觉如释重负。”
>
> 至于特斯拉，在2008年夏日，金融危机全面爆发，而马斯克正准备发起一次融资活动。由于金融危机的影响，著名的汽车公司克莱斯勒和

通用等均宣告破产，这使马斯克很难从投资者那里筹到资金。

“当你提到要融资时，人们感觉很生气——就好像你要骗他们的钱一样。”马斯克称，他将自己的所有资金投入公司里，甚至还从朋友那里借了钱。这笔资金成为公司熬过经济寒冬的温暖来源：若特斯拉当时没有筹集到资金，那么，如今的破产公司的名单上很可能会有它的名字。

黑可·凡波站在心理学家与企业家的角度上指出：企业应该学会承认，失败也是一种选择。“恐惧是有限的，希望却是无限的，创新者会害怕失败，但这绝不会成为阻碍他们尝试的理由。”创新者常常会被描述成“无所畏惧者”，但是，黑可·凡波说：伟大并不在于没有畏惧之心，而在于可以克服它，继续前进。如果恐惧是不理性的，那么，你就应该忘记它；如果恐惧是理性的，而且风险也的确很高，那么，你就应该克服它，继续前进。

可是，如何在高风险的情况下，去更好地克服恐惧，让自己鼓起全部勇气去进行尝试呢？黑可·凡波给出了自己的建议。

打破“不作为就会安然无事”的认知

越是处于危机之中，越需要创新。事实上，当我们审视那些带来时代变革的创新时，就会发现，它们往往产生于危机之中，挽救了整个组织。黑可·凡波及其团队发现，战略性的创新一般都会符合下列三种类型（或者三个选项）中的一个：

①管理现在；

②选择性遗忘过去；

③创建未来。

黑可·凡波将之称为“3个选项的思考”：选项①“管理现在”的决

定趋向于线性的变化，因此，大多数大范围的、非线性的变革决定都会落在选项②“选择性遗忘过去”或是选项③“创建未来”上。

可以说，马斯克在金融危机之中将私人资金投入特斯拉的决定，既是对过去的大胆告别（极少有人敢于在金融危机之中对一项充满了风险的项目进行如此决绝的个人支持）；同时也是对未来的开始——当他决定要这样做时，他其实就是将个人命运与公司紧密联系在一起了。

不过，当创新者选择选项②或选项③时，他们经常会面临来自各方面的阻力。因为投资者、员工等利益相关方很可能想要维持现状，即选择选项①，即使这样做从长远来看一点好处也没有。

克服爬行脑的恐惧

像马斯克一类的创新者是如何成功地将阻力转换成的动力，并唤醒追随者的信心与勇气的？答案是，他们将勇气与信心之下的恐惧感显形化了。

当特斯拉陷入资金短缺之中时，马斯克在公司董事会上对股东们发表了鼓励性的声明：“我们站在选择的路口，不是前进，就是后退；不是坚持，就是消失。眼下，唯一值得恐惧的就是恐惧本身。”

而黑可·凡波站在心理学角度解释了，为什么这是非常有效的举动。当我们陷入恐惧之中时，我们至少会抑制住放松时智力的25%。我们会变得无法直接思考，更会几乎拒绝所有将我们拉出舒适圈的举动。

这一反应就是现在众所周知的“杏仁核劫持”，这是我们原始的或是“爬行脑”生存所需要的反应。当我们的动物本能被激活时，我们会拒绝改变，所有的操作行为都只是为了对付生存恐惧，原始的“爬行脑”会让我们感觉安全，而为之所付出的代价就是丧失创新与变革。

马斯克可能并不知道什么是“爬行脑”或是“杏仁核劫持”。但是他看到恐惧正是特斯拉所面临的最大挑战之一，特别是在面临资金短缺与金融危机时。而他通过直面恐惧来解除这种动物的本能反应。

克服自身恐惧，为他人建立舞台

想如同马斯克一类的创新者一样，使用选项②与选项③来帮助别人克服本能的恐惧，创新者们必须要先克制自己的本能恐惧——特别是当你的角色被定位为“领导者”时，你更要这样做。

一旦你敢于直面问题，并愿意在危难之中勇于坚持自己的创新选择，同时为那些乐意为创新贡献力量的人提供积极的支持时，他们就会从你那里得到鼓励。马斯克在筹集资金遭遇困难时，大胆地从基层启用技术人员来担任一线管理者，从而使新产品变得更出色。而这种由上至下的积极氛围使整个企业都成了一个勇气的代名词。

在你的组织里与恐惧共舞

如果你的团队或组织正在面对选项②或者选项③，想象一下，变革会带来什么样的恐惧？我们常常会听到这样的声音：“我们不能这样做，以前从来没人这样做过！”“我们正在失去自己的优势，这么做只会让优势更少！”“这根本没有用！”

问题在于，你要如何回应这些？以下是黑可·凡波提供的三种策略：

◆ 将恐惧命名并克服它

将个人或者组织所面临的恐惧进行命名，让其显形化，这样，这些情绪便不会在幕后游走。马斯克便将人们面临的资金流失的恐惧命名为“资金暂时短缺”。

◆ 使用幽默

如果我们能有技巧地使用幽默的话，便可以有效地减缓恐惧失败所带来的紧张感。著名的软件公司Adobe曾经想要去除掉它旗舰产品中的摇钱树服务——打包软件，从而将整个软件服务转移到云端上。公司为此制作了一个视频，调侃了一个死抱着部分业务不放的“挣钱迷”。这一视频通过幽默的方法讲出了组织内部部分人在面对变革时的恐惧行为，从而缓解了整个公司的压力，成功地推动了变革的进行。

◆ 鼓励勇气，鼓励建立自信

当你想要通过对话或演讲来传递信心与勇气时，你需要在两者之间形成显而易见的内在联系。曾任美国总统的罗斯福在带领美国民众走出可怕的经济大萧条时，便以正确的内容与语调，传达了对付恐惧所需要的安全感。他采用的是直接与实事求是的态度。这种平和的语调帮助陷入危机的美国人重建了信心。

在美国的国内银行重新开张、金融秩序走向正常迈出第一步时，罗斯福在电台里说：“我们重新调整金融体系，为的是建立起民众的信心。这比现金重要，也比黄金重要。信心与勇气对于执行我们的计划是必不可少的。你们一定要有信仰，而不能被谣言与猜测所击倒。让我们团结一致，击倒恐惧！”

改革、变革与创新其实就是一个恐惧管理的具体过程，而克服恐惧便是在克服我们的生物本能。如果你认为自己不是马斯克、不是罗斯福，不如提醒自己：你所需要做的不过是与自己的本能对话而已，然后采取行动，因为你想要展开的创新越是巨大，你就越需要坚定和直接的本能管理。

2.重生：制订个人再造计划

面对某个新趋势、新方法，你可能会想："这听起来的确很棒，可是，它并不适用于我的行业。我从事着枯燥的工作，目标总是无法实现，也没有空间去兑现改变。"而这恰恰是20世纪90年代大多数人对技术支持行业的看法。

事实上，技术支持行业与修电脑相比，很难被想象成一个"业务"，其工作内容并不刺激，甚至可以说是枯燥。这种工作天生是为极客（即人们通常定义的"怪才"）们准备的。

极客罗伯特·斯蒂芬在工作了几年以后，深为其中的枯燥和人们对团队的误解而苦恼。不过，他并未因此而放弃自己的工作，而是从中获得了灵感，并推出了自己的新业务。他决定在这个枯燥的行业中着手，创建出一个令人惊叹的技术支持服务团队。

他将许多与自己类似的技术支持人员组建成了一个团队，并将其作为主营业务焦点：这些技术服务人员被称为"特工"，他们被要求穿着特殊定制的极客制服：黑色裤子、白色的紧身短袖衬衫、黑色领带、白袜子、黑皮鞋，鞋底有极客团队的标志，口袋加密保护，黑眼镜用白色胶带缠绕。

在到达他们的"使命"前，他们会向客户展示自己的特工徽章，以确认自己的身份。原本生锈的服务货车被替换为黑白色大众甲壳虫，突出显示极客团队标志，类似于一辆警车上的徽章。

而针对这些极客们展开的培训不仅有技术讨论，更包括有趣的俏皮话和难忘经历的分享。每一个极客都有自我版本的服务手册，这本被命名为“小橙皮书”的书详细地描述了怎样成为一名最好的书呆子，包括开车限速每小时5英里。从这部分意义上来说，那些严重违规的“特工”（如衣着、某些言行，以及具体追随的进程）必须穿上象征耻辱的主板，这个主板是喷有一个V字的大电路板。违规极客带着它，如同戴着一根硕大的项链一般。

通过保持这种特别的风格，极客团队立刻变得突出起来。

想象一下，其他正常但毫无新意的公司服务与这些特别的人相比，你会记得哪一个？你会更愿意雇用哪一个？极客团队竞争的是客户体验，而不是技术、价格或位置。罗伯特·斯蒂芬对团队进行的难以置信的改造，吸引了百思买集团。其在2002年收购了该公司，并大举进行投资。

如今，该公司雇用了超过24000名的极客，并产生了超过13亿美元的收入。

如果是你管理着一个技术服务团队，你会想出这样的办法来进行革新吗？不管你认为它有多困难，其实总有办法可以发现新的可能性。认为自己不可能改变，或者认定自己无法逃离眼下的困境，从根本上来说，是将自己困在了窘迫之中。此时的你会陷入一种不愿意承认个人能力的困境之中，或者像成千上万的其他人一样，做得很好，但专业感却得不到满足。

以同样的方式作为一个领导者时，你的责任是在为时已晚之前，帮助自己的公司创新，同样的逻辑也适用于自己的事业。即使你享受目前的成功，你的要求也比昙花一现的成功大得多。我们任何一个人都可以握住过去的成功不放，但这将导致最终失败，失去市场份额然后被遗忘。或者我们可以使用自己的创造力致力于让自己的业务恢复活力。

如何来改造自我职业生涯，以帮助自己更好地赢得市场，并做出更大贡献？方法就在于进行彻底的自我改造。

不管你眼下的年龄、教养、教育水平、所在位置是怎样的情况，也不管你之前的职业道路是什么，彻底地重新改造自我永远不算晚。就如同大型的组织转型一样，个人也可以通过采用系统的方式来创新、改造自我职业生涯。

设置一个清晰的愿景

想象一下，现在，你需要组装一个拥有一千件零片的拼图，不看盒子封面上显示的图像，你能独立地将它完成，且把每一件零片都放置在正确的地方吗？有一个清晰的愿景就相当于拼图封面图像，而它对于推动成功的作用是至关重要的。

每一个有志改变人生的人，都应该在奋斗路径上标出理想的最终状态，以及尽量详细的细节。最好的办法，是为自己设立一个愿景图，它可能是一个巨大的海报板，也可以是你为自己设置的私人博客，抑或是选择利用其他的介质去完成。

上面应该集合了你所想象的成功将会是什么样子的图片，你会感觉如何，周围的环境是怎样的，经常将这些图片放在手边，并进行经常性的参考，这将是一个强大的武器，让你专注，并帮助你抵抗重重逆境。

做一个全面的评估

当你构建了自己的改造计划时，你应先确定自己的软肋在哪里：你需要改变什么问题？需要改善或补充什么，才能达到你想要的结果？比如，如果你打算成为一名励志演说家，但自己会怯场，那么征服这个“怯场”的恐惧便需要放在你的列表顶部。另外，在现实生活中，大多数的专业演讲者也是畅销书作家，因此，撰写成功的商业书籍这一目标也应放入你的列表顶部。

差距评估过程中，你应列出所有的差距，从起点到终点，所以，当你追求你的计划时，它最终会成为关键路径上的待办事项列表。而亚当斯总是鼓励个人从最终目标开始做起：不是计划从你当前的点如何接近指向你的目标，而是努力地逆向工作——你需要为了实现自己的愿景而规划逆向工程中的每一个步骤，进而构建起一个按部就班的进攻计划，并在完成的每一个完成的时间节点里问自己："我还需要做些什么，使这一切发生呢？"

确定牺牲与成本

俗话说："每个人都想上天堂，但极少有人愿意为此而死。"既然彩票中大奖或者继承丰厚的遗产对于大多数人并非一个实际的计划，那么，务实地审视自己眼下列出的目标，并对比达成目标所需要的成本、所需要牺牲的东西，便成为极其重要的回归现实的方式。

若你的梦想是成为一个摇滚明星，那么，你的成本与牺牲便非常简单：你可能会一直奔波在路上，一年中可能有长达200天的时间远离自己的家庭。

一切值得去做的事情都需要牺牲与承诺，确保你的方法、旅程始终着眼于策略，确保你知道达成目标的相关参数，这样，你就不会遇到意想不到的打击。

不断地寻找导师

通过一两个导师的话语，进而使自己得到启发，可以使你在改造创新中得到不同维度的帮助。

若你的愿望是成为世界知名的心脏病专家，那么，你就需要去接触那些已经成为"心脏病专家"的人士，并恭敬地请求他们的帮助。你可能需要请教30个人或更多人，而这些人中，也许只有一个人说对了，但这个正确的、有经验的人恰恰会成为你人生路上宝贵的指引者。

导师可以为你指引正确的方向，对你负责，并提供对你所渴望新领域的洞察——不要认为这是一个很困难的要求，成功的人往往愿意回馈社会，他们会非常喜欢帮助别人，前提是对方敢于向他们提出请求。

给自己建立起问责制

在整个目标系统中引入奖惩机制，会增强你实现目标的能力。拖到最后期限或跳过重要的步骤而没有惩罚，这对你达成自我终极使命毫无帮助。

最好的具体行动计划应该包括奖励和惩罚。举个例子：

☞ 如果你正在绘制每日进展图，每周错失两个以上的目标，你可以采取强制自己捐赠一百元给慈善机构或花两个小时做志愿服务（你或许无意这样做，但越是这样，你越会意识到，时间与金钱的流失会对你形成损失，而它们也会令世界变得更好。）

☞ 如果你实现了自己全部的每周目标，你可以奖励自己进行一次周末短途旅行或享受一场电影。

为了获得最佳的结果，你可以请朋友或家人监督你的执行情况。你也许能合理化自己的行为，但在别人的监督下，奖励和惩罚会让你勇往直前。而这也是运动员需要教练或搭档合作的重要原因：借用外部问责，来全面推进自我能动性。

跟踪、测量、细化

管理学大师彼得·德鲁克并不认可感性的确认，在他看来："所测即所得"。而我们在目标实现的过程中，同样应该这样做。

在特定区域追踪每周执行情况将使你保持专注，不脱离轨道。因此，你需要密切关注自己的关键指标，并使用这些信息来改进和调整个人计划。当你及时使用关键指标来进行测量时，常常可以避免自己跑题太远并能及早发现问题。用这种方式，你便能不断调整修正自己的行为，无往而不胜。

3.突破障碍，走上快速路

是否还记得自己小时候多有创造力？竹竿可以当马骑，任何东西都可以是玩具。但为什么如今我们的创造力却开始下降？“我们在接受教育与融入社会的过程中，往往是在学习如何‘正确地’解决问题，而不是‘创意地’解决问题。”美国《科学心智》解释道。在到了某个程度以后，我们的大脑会开始习惯使用原有的思维模式，导致我们越来越难以突破思考屏障。

想突破屏障，关键在于认识到障碍的所在。就如同高峰时段的交通一样，若道路堵塞，个人创意能力也会随时急刹车。也正是因为这一原因，我们必须要首先搞清楚阻碍创意发挥的关键因素，才能避开创意僵局——不管中间出现什么样的情况，你都可以继续发挥自己的创造力勇敢地走在改变的征途上。

前面我们已经提到过恐惧会导致个人不敢去挑战与尝试。下面还有一些常见的创意杀手，它们同样可能侵占我们的心理空间。多加留意，只要它出现，便立即将它抛开。

趋同思维：喜欢与他人保持一致

当你身在团队之中，想要进行创新时，这一思维应引起你的格外注意：若一个团队内所有人都保持一致，人人都有机会贡献自己的力量，那种感觉自然很好。但只追求“和睦相处”很可能会摧毁你的创意潜力。

美国心理学家汤姆·凯利将这种创意杀手称为“趋同思维”。这一术语你可能之前听说过，不过，用在不同环境中，它的含义是不同的。汤姆·凯利认为，若允许趋同思维入侵个人思维过程，那么，创意的火花与改变的勇气就会埋藏在一系列互不相干的想法里，从而使这个创意力量变得单薄起来。

比如，你正在与自己的团队开发一种新口味的冰激凌。

有人提出，“红葡萄柚口味的怎么样？”旁边的人补充道：“你知道什么东西能让这种口味的冰激凌真正与众不同吗？加一点蓝莓的味道。”

若你就此打住，或许你就能开发出一种截然不同的美妙新产品。

不幸的是，在团队内的创意发挥很少就此打住。

的确，在创意过程中，想法往往是越多越好。但是，你不得不准备着从所有观点里做出最正确的选择。而经常出现的情况却是，改革力孱弱的管理者会想方设法把每个人的观点融合起来，目的是安抚团队成员，获得大家的“认同”。由于这种趋同思维的影响，最初极为有效的创意到最后可能变得极为糟糕，甚至一塌糊涂。

把原本可能成为杰出创意的东西拖回到追随别人的那种方案，这便是趋同思维摧毁创意与灵感时的举动。因此，你需要提升自我意识，来判断自己的灵感是从什么时候开始变得混乱的。汤姆·凯利提供了一种立见分晓的检验方法，那就是问问自己：你的创意是不是变得更有吸引力、更出色了，还是变得过于复杂（由于达成共识的考虑）或过于平淡（由于恐惧的影响）？

分心：在不同的想法中跌跌撞撞

你肯定记得打地鼠游戏是怎么玩的：可爱的地鼠头从桌子上的洞中钻出来，你用锤子去击打它，另一只地鼠又冒出头来——如果你还不太熟悉这个游戏的话，在最开始时，你肯定会被它搞得焦头烂额。

解决创意挑战也会有类似的经历：你刚刚经历过一项思维挑战，另一项挑战又出现了。整个周期非常混乱并令人沮丧，而且最终会使创意过程遭到破坏。

想要做到每次解决一项思维挑战，你就需要不断地将出现的新问题一一罗列出来。心理学家达克宁·范查尔将这份清单称为"停车场"。"处理完手头的创意挑战以后，再返回'停车场'解决新问题——这会让整个思路变得井然有序，而不是一团乱麻。"

身份认同危机：一次进行多个任务

在进行思维挑战的过程中，如果你身兼数职，那么，你的思维灵感与创新能力也将很快走到尽头。

情况大概是这样的：

作为创造者的角色，你一边在黑板上写下一句话，或者画一幅图，一边构思着一个有趣的想法。突然，你的大脑发生了跳跃——你开始扮演另一个角色：此时，你变成了一位编辑，思维开始集中到有可能出现的错误上："这应该是第3张幻灯片，还是第7张幻灯片？""我有没有将这个概念的来源写错？"

或者，你开始担心怎样才能实现这一创意，大脑中浮现出了执行者的声音："我要怎样才能筹集到这笔资金？""我什么时候将这项工作排入日程表里？""如果完成这项任务，我会得到提升吗？"

早有研究证实，如果你想在某件事情上获得思维上的成功，你就必须要专注于它：我们的大脑是无法同时进行多项思维任务的。你将自己的精力分配到了其他的地方，自然便不会有更多的心力投入在创新想法上。在这一过程中，你的创意思维会熄灭，你的创新力发挥也将遭遇搁浅。

开始下一步之前，如果你一直担心无法尽善尽美，那么你的思维也将真的顺着你的担心发展。因此，如果你或你的团队正处于尝试阶段，不要考虑太多，充分地发挥自己的创造力吧！强迫自己只专注于"改变"，把其他的任务与担忧暂且放在一边。当你这样做时，你会全力以赴地去尝试。

4.你如何进行自我颠覆？

杰克·惠尔顿的职业生涯不太寻常：他从在华尔街做秘书开始，一路打拼后，进入了当时所在公司的投资银行集团，但过了一段时间后，他又做回了证券分析师。

8年后，杰克·惠尔顿辞去了当时的工作，开始从事电视秀节目的制作，并撰写了一本儿童读物。最后，他开始进修心理学，并与一位在学习中认识的朋友共同创办了一家面向金融人士的心理诊疗所。

或许这并非人们观念中传统的职业路径，但或许是人生路上新的常态。不管是从一种职业生涯转移到另一种职业生涯，还是从一个固定的思维方向转向另一个思维方向，其实都是在人生中进行颠覆性的冒险与创新：当你已经达到某个高峰，并且怀疑自己将不会因为爬上顶峰而高兴时，与公司进行颠覆性创新一样，你也需要颠覆自己了。

颠覆自己，不仅能够帮助你回避那些风险过大的竞争，同时还会让你获得更大的回报：当你依循市场价值表现纬度艰难进行自我改进时，你面临的风险显然大于需求。虽然你做事可靠，但若不够出色，许多同龄人同样也可以有效地完成你的工作。最具有风险的事情在于：后起之秀会以更优秀、更迅速、更实际的方式来完成它。而当你颠覆自我时，你不仅拥有了前一职业或工作的资源，同时更会有新的技能来迎接挑战。

当然，你不会去接受降低自我价值的职业路径，但当你颠覆自我时，你需要一套更有指向性的策略。杰克·惠尔顿花费了大量时间去研究这种颠覆性创新，并与许多成功颠覆自我的人讨论，而他们似乎都遵循了以下四项原则。

锁定可被更有效满足的需求

颠覆者们善于寻找那些尚未得到很好满足的需求，他们致力于那些无人进入或者无人想要进入的市场。

> 希西·库格林的颠覆是这样进行的：她放弃了高盛公司证券销售副总裁的位置，帮助该公司建立起了一个名为“赫德森·斯特里特”的独立经营子公司。这家公司为客户提供投资研究服务。而该公司成立的部分原因，是为了响应政府的要求，大银行的销售人员不可仅依靠公司内部分析师的报告。希西认为，该项服务的需求将会大量增长，同时，她更明白，那些股市菜鸟们需要像自己这样具有丰富证券投资经验的人为其提供服务。

审视周围的世界，并不断向前，这是锁定新需求的重要前提，也只有当你做到了这一步时，你才能看到大家忽视了什么。

了解你的颠覆优势

那些颠覆性的公司会洞悉到尚未满足的需求，同时会先确定哪些需求与自己的优势相匹配。他们意识到，进入这些领域之中的市场风险，要比与那些容易发现的需求领域里的已胜者进行竞争的风险要小得多。墨西哥无线电话供应商——美洲电信公司在创立时，并没有选择与对手公司进行正面竞争，而是将业务重心瞄准了另外80%期望使用电话，但付不起固网费用的人群。

同理，当你考虑要颠覆自己时，不要只去想那些你可以做好的事情，同时更要想那些你能做好，但别人做不好的事情，那是你的颠覆优势。

举例来说，你可能是一个出色的金融分析师，但很多人都懂金融建模，此时，如果你拥有跨领域发现机会的能力，你便能够立即让他人看到你的优势所在。这就如同心理学家霍华德·加德纳所称的“探照灯智能”一样：一种可以容易识别不同领域之间的联系的能力。

迂回包抄，让一切都为了实现更大成长

正如同一家公司的生存取决于其利润的增长速度一样，一个人的成长也取决于学习与提升。当组织变得太大时，便会停止探索那些更小、更具风险、却更有利可图的市场，因为产生的收益无法弥补企业的风险底线。

正如美国鲍德斯公司在图书销售行业里缓慢地引入了电子商务一样，在自己的行业里，他们取得了成功。

同理，人们也会在自己的职业生涯上升到某个层次以后，便允许其处于稳定状态。这也正是心理学家所说的“S型发展”：个人成长往往会停在一个典型S形曲线的顶部。

相比之下，颠覆者们可以通过跳到一个新位置、新行业，或者一种新组

织来避免这一问题，并将自己放在一个完全不同的成长轨道里。

> 哈佛商学院著名创意人士克莱顿·克里斯坦森在40岁时是一家材料科学公司的高级管理人员，但他选择去哈佛商学院攻读博士学位。“辞职”这一举动让他开发出了一套改变商业世界的“颠覆创新”理论，并促使他作为一名投资者、教育者与顾问的职业生涯获得了极大的成功。

突出你的战略

与进行一份详细的市场分析和制订一个循序渐进的计划来逐步实现目标不同，勇于承担风险的创新者是灵活的，他们习惯先向前迈进一步，收集反馈信息，并作出相应调整。正如牛津大学教授阿曼·毕海迪所揭示的，在所有成功的新业务中，最终有70%的战略会不同于最初的设想。

而颠覆自我职业生涯也一样：它没有一条平行线可借鉴，因为我们未曾遵循传统的职业路径，所以，我们就无法从开始看到最后。“如果你想成功，你应朝着新的道路前进，而非沿着被踩烂了的成功之路。”阿曼先生如是说。

经济学家们在调查后发现，一家公司寻求在新市场而非已有市场发展，其成功的概率会高出6倍之多，同时，潜在收入会提升20倍。用相同方法来衡量个人创新的影响是不可能的，但经验表明，其实也可产生类似效果——这将显著提升你在经济、社会与情感上的成功机会。

面对风险进行创新，你很可能会迎接暗流汹涌，这是毋庸置疑的。在你的事业与生活中，你身边的人很可能会建议你避免此类创新。对我们当中的许多人来说，稳步不前其实就意味着自己已经跟不上变化了，因为我们对于那些来自更年轻、更敏捷的创新者的竞争威胁视而不见——这意味着，我们错过了取得更大成就的机会，并牺牲了个人成长机会。

其实，我们谈论了如此多的创新工具，但最容易被忽视的引擎其实是你自己：如果你真的想大步地向前发展，你需要切实的内在创新，然后彻底颠覆自我。

5.越多冒险，越多人生积累

生存压力日益增大的今天，许多人都选择了紧紧把握眼下的工作与生活模式，生怕一个不小心，便会丢了工作，无法再继续现在的平静生活。其实，职业倦怠人人都有可能出现，生活中的平淡也常常会令人产生厌恶感，在这些平淡中，你是会选择安稳地继续生活下去，还是会选择趁着年轻，让自己有理智地放纵一把，去尝试一下放纵式的生活？

也许你认为始终生活在平淡之中是一种人生难得的幸福，不错，这样的生活的确可以让你不用担心突如其来的危险，但你是否想过，若年轻时没有过一次冒险，踏入暮年之后，你将以怎样的态度去回忆过往？

一味的平淡只会让我们在波澜不惊中失去对未来更多可能的渴望，生活往往因冒险而发生改变，冒险不仅是辉煌成功的起点，更是我们改变自我、迎接新未来的重要契机。偶尔伸手触摸那些放纵式的冒险机会，让自己在勇辟蹊径之中赢得别样的人生，让自己从冒险中领悟行动的真正力量，这便是冒险的乐趣所在。

冒险，是为了品味与众不同的生活

不得不承认，我们应该为自己还年轻，还有冒险的机会而庆幸。想要得到什么，不如就此大胆地去做。悠闲、温吞式的生活会将我们的雄心杀死，让我们不再有勇气去获得自己渴望的一切。相比于追求安逸的普通人，那些成功者们所沿袭的却是一种截然不同的选择：他们宁愿年轻时多一些冒险，也不过度安逸，只为了不给自己一个不值得回忆的无味人生。

真正的快乐是人生路上最鲜艳的美丽花朵，它通常不会长在路边，最美丽的花，总是开在充满荆棘的深谷之中。只有那些最勇敢的人，才可以看到它的迷人美丽。冒险也是一种乐趣，这种乐趣虽然有危险，却令你有机会欣赏到更美丽的人生。如果没有了危险的存在，也许你只能守着路边常见的野草庸碌一生了。

理性的冒险，才是真正高智商的表现

冒险不是让你不考虑实际情况地乱冲一气，更不是让你不顾一切地去追求一生都不可能获得的成就，而是让你学会适当地、理智地去探求更美好的未来与截然不同的生活方式。

奥柯尔维在研究中观察到，那些冒险行为爱好者普遍热爱生活、珍惜生命，在从事冒险运动时，他们从来不会轻率鲁莽或者漫不经心，而是完全了解自己所处的环境、拥有的资源，而且会将一切有可能发生的变化、应采取的应变措施等都考虑周全，力争在冒险中万无一失。

很显然，这也是冒险的重要原则：

◆ 只做自己有把握的事

能带来好运的冒险首先是你有把握的事情，或者能够给你带来美好结果的事情。在这方面，你应该让自己拥有良好的判断力。当你能够承担一万元的风险时，你选择的冒险便应该在一万元以内；若你仅有一万元的承担风险的能力，却要选择去做有十万元甚至二十万元风险的创业时，那么，你极有可能会在风险真正到来时无力翻身。我们的所有行为——包括冒险，都要做自己有把握、能够掌控的事情，对所有人来说，这种冒险都有另一种意思：你应该选择自己能够操纵的人生，而不是被人生所操纵。

◆ 运用常识与智慧来预见，远离危险

在冒险的过程中，你更要学会运用常识与智慧，让自己远离危险与不幸。现实生活中的很多不幸，都是因为当事人自己的判断失误、鲁莽或者不用心思考造成的。比如，有心脏病的人非要为了打破生活的平淡去尝试刺激的蹦极，青年人因为想体验流浪的生活而不带一分钱走到大西北——他们的行为便是缺乏常识：一个有病的人应该知道哪些行为是会刺激自己犯病的，一个想要通过旅行认识人生的人必须要保证自己的钱包是可以支付得起旅费的。唯有如此，我们才能避免80%的危险。

值得一提的是，有很多危险是可以避免的，但冒险的过程中，也会有不可预期的危险出现——若你能够看到在冒险之中，自己成功的可能性超过了50%的话，那么，这次的冒险便是值得的，因为它带来的损失你可以承担，它有可能发生的危险你也在尽力规避。

我们不能追求自己的人生是百分之百的安全，绝对的安全只会让人变成胆小鬼，做有把握但需要去冒险的事情，这是成就事业的最好方法，同时也是避免自己受到失败伤害的最好的方法。

因此，当你发现一次冒险的尝试对你来说，成功了有足够的收益，失败了不至于彻底毁掉你的人生时，你就应该学会去冒险，否则，你的人生将会因为你的过分谨慎而失去色彩。成功从来不可能从天而降，整个生命就是一场冒险。走得最远的人，常是愿意去做，并愿意去冒险的人。

我们不得不承认，大部分的人生活都是在偶尔冒险、大多时候的平淡中安然度过的。但就是那片刻的冒险，让我们拥有了值得回味、值得炫耀的经历。偶尔地放纵自己，让自己有机会走向危险的边缘吧，也许在面对悬崖时，我们并不能如同真正的勇士那般纵身一跃到达彼岸，但至少，我们能有勇气地告诉更多的人：我见过悬崖，我体验过真正的冒险生活。

6.消除了设限，思维的原子才能崩解

在日常生活中，我们总是受到传统思想的控制与影响，它在不知不觉中阻碍着我们的前进。自我设限就像为自己套上了无形的枷锁，使我们很难突破自我。许多人不敢追求成功，并不是其追求不到成功，而是由于在他们的内心深处，默认了自己身在高墙之中的合理性，这种合理性时常暗示他们：成功是不可能的，它是没有办法做到的。

若要越过甚至打破这座高墙，我们就必须要去正视“自我设限”的存在。

一位美国的心理学家做过这样一个实验：他向一个玻璃杯中放入一只跳蚤，发现跳蚤立刻跳了出来。于是，他重复着这个动作，结果还是同样如此。依据测试可知，跳蚤跳跃的高度能够达到它身体的400倍左右。

紧接着，心理学家再次把这只跳蚤放进杯子中，但这次是在杯子上加了一个玻璃盖，“嘣”地一声，跳蚤重重地撞到玻璃盖上。此时，尽管跳蚤尤为困惑，但它却不会停下来，毕竟跳蚤的生活方式就是不断地“跳”。一次次撞到玻璃盖后，跳蚤逐渐变得聪明起来，它开始依据盖子的高度来调整自己跳的高度。其后，心理学家发现这只跳蚤再也没有撞击到玻璃盖，而是在盖子下面自由跳动。

一天之后，心理学家悄悄地把盖子拿掉了，但跳蚤依然还在原有的高度继续跳动着。三天之后，这只跳蚤还在那个高度跳动着。

一周以后，心理学家惊奇地发现，这只可怜的跳蚤依然还在这只玻璃杯里不停跳动，其实，它已经无力跳出这个玻璃杯了。

跳蚤之所以无力跳出玻璃杯，并不是由于它已丧失了跳跃的能力，而是

在一次次受挫后变得麻木了。最可悲的地方就在于，当玻璃盖不再存在时，跳蚤却依然停留在那种高度。在它的意识里，已经默认了这只杯子的高度是自己不能逾越的。

在日常生活中，许多人是否也在同样过着这种“跳蚤人生”？在年轻的时候，他们意气风发、屡屡尝试，却事与愿违，屡屡失败。多次失败以后，他们不是抱怨这个世界的不公平，就是怀疑自己的能力。他们不再想方设法去寻求成功，而是一而再，再而三地降低成功的标准，哪怕原有的一切限制均已取消。犹如那只杯子中的跳蚤一般，尽管玻璃盖被拿掉了，但它们或已被撞怕了，或已经习惯了，而不能跳上新的高度。人们时常由于害怕向上时遭受的打击，而甘愿忍受失败者的生活。

自我设限源于行动的欲望与潜能被自己扼杀

有人将成功比作人在一生中都不断追逐的梦，但成功从心理学的角度来说更多的是一种欲望：按弗洛伊德的理论，人生来就有“做伟人”的欲望，而“做伟人”其实就是“成功”的集中表现。弗洛伊德之后的多位心理学家也通过研究证实：人天生就有爱受赞美、喜受人尊重的强烈愿望与倾向。

这是人的共性，可以说，对成功的渴求是人与生俱来的。因为成功是高智商、高情商的表现，更是获得赞美与尊重的最有效途径。正如美国学者约翰·杜威所说的那样，人类本质中最深远的驱策力是“希望自己是重要的”。以至于有些罪犯自述，他们之所以会杀人、纵火，就是为了让人们知道他，目睹他人一听到自己的名字便如五雷轰顶——那是他们最有满足感的时候。

而自我设限恰恰来自行动的欲望和潜能被自己扼杀——在成长过程中特别是年幼时，若遭受了外界（包括家庭）太多的打击、批评与挫折的话，奋发向上的热情与欲望便会被自我设限压制甚至封杀，没有得到及时的疏导与激励，既对失败惶恐不安，又对失败习以为常，丧失了信心与勇气，渐渐地养成了犹豫、狭隘、自卑与不思进取的精神面貌。这样的性格在生活中最明显的表现就是随波逐流，他们与生俱来的成功火种过早地熄灭了。而这种表现，则常常被认为是智商不足所导致的失败。

五大步骤，打破自我设限，确立成功信念

所有具备改革意识与勇于挑战自我的人都有一种可贵的品质：他们明确地相信自己，相信自己具备克服障碍的能力与智力。生活中许多有才华的人，都曾因为自我设限而摔跤。如果你认为自己同样存在这种情况，不如使用以下方法，来改善自我限制的信念，释放自己的潜力。

◆ 明确你的“但是（怀疑）”

想出对于自己与自己的人生，你最期望实现的三个具体成就，并将它们写下来。但是，如果你质疑自己是否拥有相应的成功能力，就使用下面的句式。

我想做X但是我做不到，因为Y。

（其中，X是你希望取得的成就，Y是你认为自己做不到的原因。）

你所有写下来的Y，都是限制自我的念头。

任何改变都要从自我认识开始，所以，第一步是对目前令你深信不疑的那些信念形成一个清晰的概念，在上面的公式中，“但是”以后的部分，都是自我设限的信念。

◆ 问自己：“真的是这样吗？”

逐个地思考“但是”后面的陈述，并询问、回答下面的每一个问题：

- 这是真的吗？是谁说的？
- 是什么让我相信这是真的？我有哪些客观的证据，能够切实地证明我

做不到？

- 我是什么时候、从谁那里得到的这种信念？（通常情况下，我们会在小时候，从老师、父母甚至是同龄人那里学会这些。）

- 上一次我出现这种信念是什么时候？

- 如果没有这种限制性信念，我会变成什么样的人？

◆ 问自己："我从前抛弃过哪些信念？"

年幼时，你可能相信过这个世界上有神仙——当时，这些信念在你看来是正确的，但现在却非常荒谬。既然你可以认为一种信念是荒谬的，现在为什么不能相信一种信念是可行的？

在几个世纪以前，人们从不相信"人能在天上飞"，而且将它当成了永恒的真理，但现在，乘飞机旅行是一件再平常不过的事了。所以，请停下来，花时间找出三个被自己遗弃的信念。

◆ 问自己："我曾经犯过哪些归类错误？"

按下图中的样子，拿一张空白的纸，在中间画上一条竖线，并将它们按"正确的限制性信念"与"过时的信念"，进行列表。

正确的限制性信念	过时的信念

现在你会发现，在人生的某些时刻，你曾经犯过归类错误：你曾经将正确的信念归为错误的信念，但是，你忘记了将那些错误的信念重新归为正确

的信念！

现在，将那些依然正确的信念，写到它们应归属的地方去吧！

◆ 问自己："哪些信念对我是绝对正确的？"

有些信念是绝对不会动摇的，比如：

☞ 水是地球上宝贵的资源；

☞ 呼吸是有用的；

☞ 明天，太阳会照常升起；

……

花几分钟想一下那些不可动摇的信念，并将它们写下来。

◆ 将"目前的限制性信念"转变成"能做到"的信念

这很容易：比如，如果你的一条限制性信念是"我永远不能成为一名出色的歌唱者"，那么，写上"我能成为一名出色的歌唱者"。将所有限制性的信念，都变成积极的、能做到的信念，并将它们写下来。

然后，再拿一张空白的纸，像前面一样，按"新的能做到的信念"与"我认为绝对正确的信念"进行分类。

新的能做到的信念	我认为绝对正确的信念

现在，暂停一下，阅读一下自己写下的内容，并让自己真正地沉浸其中——然后，再将那些“新的能做到的信念”写入“我认为绝对正确的信念”中去，并连续念上十遍——你一定要认为它们是绝对正确的，你才有机会实现它们。

恭喜你：当你通过了这个练习后，你便在打破自我设限、实现自我梦想的道路上前进了一大步。这种练习可能会花费你几天的时间，但如果你每天都可以去阅读一下这些信念，并坚信它们能够实现，那么，就算花费一个月的时间也是值得的——因为一旦当你接受了这些信念，你已经开始了更高层次的自我改变。

7.创新生活节奏，让创造性能量永续

创造性能量被唤醒后，我们必须保护它。我们必须竖起屏障，防止分心；挖掘渠道，让能量可以更自由地流动；寻找方法避免外界的诱惑和干扰。如果不这样做，往日的倦怠与退缩力量便一定会破坏追求创意与兴趣时所需要的勇气与专注力，之后，思维会回归到它的基线状态：模糊、茫然，总是分心。

不过，我们也会听到这样一种令人吃惊的说法：那些卓越的成功者们总是说，自己在本质上是懒散的。这种说法是可信的。这些成功者并不比我们拥有更多的精力，或是比我们更自律，他们只是培养出了一些习惯，使他们可以完成看似不可能的任务。这些习惯往往都是琐碎的，琐碎到我们会认为，实践它们的人非常怪异。

在开始时，很多人对爱因斯坦的衣着习惯感到吃惊：他总是穿着同一件旧毛衣和松松垮垮的裤子。他为什么会这么不讲究穿着呢？当

然，这位伟大的科学家并不是有意让人感到不舒服。他只是不愿在决定每天穿什么上费脑筋，这样他就可以将精力集中在对他来说更重要的事情上。

选择裤子和衬衫似乎只花费很少的时间，为此担忧是不是太做作了？

可爱因斯坦有不同的想法：假设每天决定穿什么需要花费两分钟的时间，一年下来就730分钟，也就是12个多小时。

再联想一下我们每日重复做的其他事情，比如，吃饭、开车、梳头等，再粗略地计算一下，做这些事情需要用多少时间，然后想一想它们对思维造成的干扰：挑选一条适合自己的领带很可能会让相当于整整一小时的思考脱离正轨——难怪爱因斯坦喜欢采取稳妥的措施，总穿相同的旧衣服。

这也是另一个强化创造力与能量的有效建议：保存创造性能量，尽可能多地将日常生活常规化，这样你可以完全专注于真正重要的事情。

在任何一种情况下，重要的是不能放弃对创造性能量的控制，不要让它毫无方向地被浪费掉。值得一提的是，同时保持开放的状态来面对万事万物，与保持专注并不矛盾：这些利用心理能量的相互矛盾的方式都具有一个相似点，而这一相似点远比它们之间的差异更显重要。

它们要求你的大脑判断在某一时刻时，是保持开放更好，还是保持专注更佳——这些都表现了你控制注意力的能力，重要的正是这一点，而不是你到底在整体上是开放的还是专注的。

当你发现自己对某一领域的兴趣超过了其他所有事情以前，尽可能地对所有未知的事物保持开放的态度，这是很合理的做法，因为不这样做，你便找不到自己真正的兴趣所在。但是，当你在探索之中发展出了持久的兴趣以后，更合理的做法是，尽可能地节省精力，这样，你便能够将精力更多地投入这一领域。因为不管在何种情况下，重要的都是不要放弃对创造性能量的控制，不要让它在毫无方向的情况下浪费掉。

在这里，我们也需要重视“控制注意力”的方法：在本质上，放弃控制其实也是控制的一种途径。冥想的人通过放下执念，使自我存在得到了扩展，通过这种方法，他们实现与表象世界背后的能量达成精神上的统一的愿望。不过，放弃控制的方法是自我导向的，它受思想的控制，这与坐在那里闲聊、被动地消费娱乐节目，或者让思维毫无目的地漫游是非常不同的。

怎样做才能建立起控制注意力，使自己可以根据整体创新或改革的需要，既可以保持开放与接纳，又能专注而有控制力？你可以从管理个人日程开始。

管理自我日程安排

我们的生活节奏在很大程度上受外界因素的控制，比如，太阳的升起、班车的时间表、工作的最后期限、上下班时间、客户的需求等。若它对你有效，那你便完全可以听任这些外界因素发挥作用，而不再需要劳神决定什么时候应该做什么事。

不过，遵循你制定的时间表，也有可能对你的目标来说并不是最好的：你发挥创造性能量的最佳时间可能是清晨或深夜。你可以找出一些时间，在这些时间里，你的个人能量是最高效的吗？你可以根据自己的目标来调整睡眠时间，而不是正相反。

大多数人睡觉的时段，也许不是你睡觉的最佳时间。还没到睡觉时间时，你或许就感到困了，这让你无法集中注意力，因为你感觉大脑昏昏沉沉。或者不睡午觉，而是在晚上七八点钟的时候睡上一小觉最适合你，因为那样你可以在夜晚宁静的氛围里发挥最大潜能。

对于每一个人来说，我们都有自己最佳的工作时间、娱乐时间以及放松时间。越多地在最适合的时间里做正确的事，你就越能释放出更多的创造性能量。

发现自己的创造性节奏

大多数人从来没有机会去发现，或者说没有意识去发现，一天中哪些部分最适合自己的节奏。为了重新获得这种了解，我们必须要注意自己一直沿袭的日程安排与个人内在状态（个人感觉最适合进行吃东西、睡觉、工作等活动的时间段）的匹配程度。一旦记录并识别出了理想的状态，你就可以开始改变自己的节律，以使自己在最适合的时候做最恰当的事情。

当然，大多数人每日需要做的事情并不具有灵活性，它们往往不能被随意改变。在普通人的生活中，孩子、爱人与公司的需求往往被优先考虑。不过，时间比我们想象得更有灵活性。

在调整生活节奏的过程中，你需要铭记：创造性能量就如同任何其他形式的心理能量一样，在经过一段时间以后才会起作用。不管是创作一本小说，还是改善一个老旧的工作流程都需要先投入一定量的时间，而这一时间往往是该工作最低限度的时间。另外，每个人的工作速度各不相同，虽然莫扎特创作协奏曲的速度比贝多芬快很多，但即使是他也逃避不了最低限度的时间要求。因此，你应严格地要求自己：必须让从单调乏味的工作与日常惯例里节省出来的每一个小时，都拥有能增加创造力产生的可能性。

抽时间进行反思，彻底地进行放松

始终忙碌并不能让创造力进行更好的发挥，事实上，它会使原有的宝贵精力更多地损耗。因此，我们应每月、每周甚至是每天都安排出时间，对生活进行考量，回顾你已经完成的事情以及还未完成的事情。

不过，现代社会工作压力大：很多人——特别是那些刚刚获得成功的人与格外有责任心的人，若自己未忙于工作，便会感觉非常不舒服，甚至会因此而焦虑。即使在家里的闲暇时光，他们也会感觉，自己必须要忙点什么，比如搞搞卫生、修理一下东西。

一直保持忙碌的确属于值得称赞的品质，但始终忙碌并非发挥创造力的好方法。我们有必要安排出时间对生活进行考量，回顾自己已经完成的事情以及还未完成的事情——这对于保持目标、回归坚持追求创新与改变的初心很重要。

在这种时刻，你不应该想着去完成任何任务，达成任何决定。你应该为了反思而反思。此时，不管你是否有意为之，新想法和新结论都会出现在你的意识中。你越少引导这个过程，这个过程可能会越发具有创造力。最好的做法是将这些反思与对注意力有一定量要求（不要求全部的注意力）的其他任务结合起来，包含做一些运动会更好。而促进潜意识的创造力产生的典型活动有散步、洗澡、游泳、开车、园艺、编织与木工。

保持张弛有度的生活节奏

持续不断的压力和缺乏变化的单调都不利于创造力的产生。你应该有张有弛。不过你要记住，最好的放松不是什么事情都不做，而是做一些与你通常的任务很不相同的事情。对于经常伏案工作的人来说，一些最费力的活动，比如攀岩、滑雪或跳伞能够令他们放松，因为这些活动为他们提供了深入不同体验的机会。

学会控制睡眠模式也是非常重要的。一些高效的商业人士为自己每天晚上只需要睡很少几个小时而感到骄傲，他们认为较短的睡眠让他们觉得更有活力、更果断。然而，那些富有创造力的人通常睡得比较多，而且，若减少睡眠时间，他们大脑中出现新颖独到观点的概率也会大大降低。

不过，对于睡眠、休息这种情况，并不存在一个适合所有人的理想模式，因此，你应找到一个适合自我需求的时间长度。当你比所谓的正常睡眠时间多睡了几个小时时，你也无须感觉内疚：你所损失的清醒时间，完全可以通过清醒时的生活质量得到弥补。

让自己保持出色思维力与创造力的唯一办法，就是根据自我优势，利用组织时间、行为的技术，来对抗能量的耗损。这意味着你可以做出更适合个人创造力发挥、更能节省时间的日程安排，使自己的注意力、心理能量集中在真正在意的事情上。当你敢于将自己一贯的生活节奏改变时，你其实也在最大程度上优化了自己于日常生活中的体验——你越这样做，你的个人创造力与敢于改变、迎接未知的勇气也将越充足。

图书在版编目 (CIP) 数据

认知升级：突破思维的局限 / 元亨利著 . —北京：中国法制出版社，2020.10
ISBN 978-7-5216-1296-7

Ⅰ . ①认… Ⅱ . ①元… Ⅲ . ①思维方法 Ⅳ . ① B804

中国版本图书馆 CIP 数据核字（2020）第 184557 号

策划编辑：陈晓冉（chenxiaoran 2003@126.com）
责任编辑：陈晓冉　刘　阳　　封面设计：杨泽江

认知升级：突破思维的局限
RENZHI SHENGJI：TUPO SIWEI DE JUXIAN
著者 / 元亨利
经销 / 新华书店
印刷 / 三河市紫恒印装有限公司
开本 / 710 毫米 ×1000 毫米　16 开　　印张 / 13.75　字数 / 174 千
版次 / 2020 年 10 月第 1 版　　2020 年 10 月第 1 次印刷

中国法制出版社出版
书号 ISBN 978-7-5216-1296-7　　定价：39.80 元

北京西单横二条 2 号　邮政编码 100031　　传真：010-66031119
网址：http://www.zgfzs.com　　编辑部电话：010-66054911
市场营销部电话：010-66033393　　邮购部电话：010-66033288
（如有印装质量问题，请与本社印务部联系调换。电话：010-66032926）